新经济时代财务管理与创新发展

关兴鹏 李 娜 周晶石◎著

中国商务出版社
CHINA COMMERCE AND TRADE PRESS

图书在版编目（CIP）数据

新经济时代财务管理与创新发展 / 关兴鹏，李娜，周晶石著. -- 北京：中国商务出版社，2022.12
ISBN 978-7-5103-4607-1

Ⅰ. ①新… Ⅱ. ①关… ②李… ③周… Ⅲ. ①企业管理—财务管理—研究 Ⅳ. ①F275

中国国家版本馆CIP数据核字(2023)第012123号

新经济时代财务管理与创新发展
XINJINGJI SHIDAI CAIWU GUANLI YU CHUANGXIN FAZHAN

关兴鹏　李娜　周晶石　著

出　　版	中国商务出版社	
地　　址	北京市东城区安外东后巷28号　　邮　编：100710	
责任部门	教育事业部（010-64283818）	
责任编辑	丁海春	
直销客服	010-64283818	
总 发 行	中国商务出版社发行部　（010-64208388　64515150）	
网购零售	中国商务出版社淘宝店　（010-64286917）	
网　　址	http://www.cctpress.com	
网　　店	https://shop162373850.taobao.com	
邮　　箱	347675974@qq.com	
印　　刷	北京四海锦诚印刷技术有限公司	
开　　本	787毫米×1092毫米　1/16	
印　　张	11.25	字　数：231千字
版　　次	2023年5月第1版	印　次：2023年5月第1次印刷
书　　号	ISBN 978-7-5103-4607-1	
定　　价	50.00元	

凡所购本版图书如有印装质量问题，请与本社印制部联系（电话：010-64248236）

版权所有　盗版必究　（盗版侵权举报可发邮件到本社邮箱：cctp@cctpress.com）

前　言

新经济是指伴随着新技术而出现的持续高增长阶段。它不同于经济周期的显著特征就在于，它主要是计算机信息处理技术和网络技术交互作用的结果。新经济是指以数字化信息网络为载体，以人力资本为基础，以知识和研究与开发为主要生产要素，信息与交易费用都极大地降低了的条件下所形成的"新型经济形态"。

在现代企业管理流程中，财务占有着很重要的战略地位，对推动企业的进一步发展具有重大的意义。在新经济的背景下，传统模式的财务工作已无法适应当代企业的发展需要，因此一定要加大变革创新的力度。

本书立足于新经济时代背景，对财务管理的相关内容进行分析阐述。首先，通过对财务管理的概念及目标、环境、企业组织形式的阐释，让读者对财务管理获得一个基本的认知。其次，就新经济时代财务管理的多方面内容进行探讨，包括新经济时代企业投资管理、营运资金管理、财务预算与财务分析、财务战略管理。最后，探索新经济时代企业财务管理的转型与发展。本书旨在通过对相关理论与经验进行分析，为财务管理与创新发展提供有效建议，同时也希望本书中的相关研究，能够为其他财务管理研究者提供有价值的参考资料。全书结构合理、条理清晰、内容丰富新颖，是一本值得学习研究的著作。

笔者在撰写本书的过程中，得到了许多专家、学者的帮助和指导，在此表示诚挚的谢意。由于笔者水平有限，加之时间仓促，书中所涉及的内容难免有疏漏之处，希望各位读者多提宝贵的意见，以便笔者进一步修改，使之更加完善。

目　录

第一章　绪　论 … 1
第一节　财务管理的概念及目标 … 1
第二节　财务管理的环境分析 … 7
第三节　企业组织形式与财务管理 … 11
第四节　新经济时代对财务管理的影响 … 17

第二章　新经济时代企业投资管理探究 … 20
第一节　项目投资及评价方法 … 20
第二节　证券的投资管理 … 31
第三节　新经济时代企业投资方式的创新 … 42
第四节　新经济时代企业投资风险的规避 … 46

第三章　新经济时代营运资金管理思考 … 49
第一节　营运资金的基本知识 … 49
第二节　现金管理、存货管理与应收账款管理 … 51
第三节　新经济时代营运资金管理的现存问题 … 65
第四节　新经济时代营运资金管理的解决对策 … 66

第四章　新经济时代财务预算与财务分析 … 68
第一节　财务预算及其编制 … 68
第二节　财务分析及方法探究 … 71
第三节　企业财务分析体系的构建 … 77
第四节　新经济时代财务报告的发展 … 80

第五章　新经济时代财务战略管理解析 ………………………………… 84

第一节　财务战略管理的基本理论 …………………………………… 84
第二节　财务战略管理的实施流程 …………………………………… 89
第三节　不同生命周期的财务战略管理 ……………………………… 98
第四节　新经济时代财务战略管理的对策 ………………………… 123

第六章　新经济时代财务管理的转型与发展 …………………………… 126

第一节　财务转型的起点：财务共享服务 ………………………… 126
第二节　财务转型的方向：企业司库 ……………………………… 138
第三节　财务信息化规划与创新实践研究 ………………………… 151
第四节　新经济时代财务管理的创新对策 ………………………… 169

参考文献 …………………………………………………………………… 172

第一章　绪　论

第一节　财务管理的概念及目标

一、财务管理概念的把握

财务管理是指按照一定的原则，运用特定的量化分析方法，从价值量角度出发，组织企业的财务活动，处理企业财务关系的一项经济管理工作，是企业管理的重要组成部分。

为准确把握财务管理的概念，必须先了解企业所从事的财务活动以及由此而产生的财务关系。

（一）企业从事的财务活动

企业财务活动是指以现金收支为主的企业资金收支活动的总称。企业的资金收支活动汇集了企业所有的生产经营活动的内容和实质，直观地表现为资金的流入和流出，由资金的筹集、投放、使用、收回和分配等一系列活动所构成，企业的财务活动主要包括以下四个方面。

1. 企业的筹资活动

在商品经济条件下，任何经济实体从事生产经营活动的前提是要拥有一定数量的资金并能够对其加以自主的支配和运用。企业取得资金以及由此而产生的一系列经济活动就构成了企业的筹资活动。具体表现为：当企业借助于发行股票、发行债券、吸收直接投资等方式筹集资金时，会引发资金流入企业，此为资金流入；当企业在筹资时支付各种筹资费用，向投资者支付股利，向债权人支付债务利息以及到期偿还债务本金时，会引发资金流出企业，此为资金流出。上述因筹集资金而引发的各种资金收支活动就是筹资活动。

2. 企业的投资活动

通过各种方式筹集大量的资金并非企业经营的最终目的。企业筹集资金后所面临的问题是如何合理地运用资金以谋求最大的经济利益，增加企业的价值。企业对资金的运用包含两个方面的内容：将资金投放于长期资产或短期资产。将资金运用在长期资产上称为投资活动；将资金运用在短期资产上进行周转称为资金营运活动。

企业的投资活动可以分为广义的投资活动和狭义的投资活动。狭义的投资活动仅指对外投资，包括对外股权性投资和债权性投资两种。广义的投资活动不仅包括对外投资还包括对内投资，具体表现为：对内固定资产投资、对内无形资产投资等。当企业将筹集到的资金用以购买各种长期资产或者有价证券时，会引发资金流出企业；当企业将长期资产处置或将有价证券转让收回投资时，会引发资金流入企业。上述因资金的投放而引发的资金收支活动就是投资活动。

企业的筹资和投资活动之间不是孤立的，而是互为依存、辩证统一的，筹资活动是投资活动的前提，没有筹资活动，投资活动就将失去资金基础；投资活动是筹资活动的目的，是筹资活动经济效益得以实现的保障，没有投资活动，筹资活动将失去意义，变成不经济行为。

3. 企业的资金营运活动

企业短期资金的周转是伴随着日常生产经营循环来实现的。具体表现为：企业运用资金采购材料物资并由劳动工人对其进行加工，直至将其加工成可供销售的商品，同时向劳动者支付劳务报酬以及支付各种期间费用。当企业用资金来偿付这些料、工、费的消耗时会引起资金流出企业，最终企业通过销售、货款结算将商品销售出去并实现资金的回收，从而使资金流入企业，在此过程中，若企业出现临时的资金短缺无法满足经营开支时，还可以借助于举借短期债务的方式筹集流动资金，同样也会引起资金流入企业。如上所述，因企业的日常经营活动而引起的各种资金收支活动就是资金营运活动。

4. 企业的利润分配活动

企业在经营过程中会取得利润，也可能会因对外投资而获得投资收益，这表明企业实现了资金的增值或取得了投资收益。企业的利润要按规定的程序进行分配。首先，要依法纳税；其次，要用来弥补亏损，提取盈余公积金、公益金；最后，要向投资者分配利润。这种因实现利润并对其进行分配而引起的各种资金收支活动就是利润分配活动。

上述四项财务活动并非孤立、互不相关的，而是相互依存、相互制约的。正是上述相互联系又有一定区别的四个方面，构成了完整的企业财务活动，这四个方面也就是财务管理的基本内容，即：企业筹资管理、企业投资管理、营运资金管理和利润分配管理。

（二）企业财务关系

企业财务关系是指企业在组织财务活动过程中与各有关方面所发生的经济利益关系。

在企业进行筹资、投资、营运及利润分配等财务活动时，因交易双方在经济活动中所处的地位不同，各自拥有的权利、承担的义务和追求经济利益内容的不同而形成各种各样、各具特色、不同性质的关系，大体可以概括为以下几个方面。

一是企业与投资者之间的财务关系。企业接受投资者投资形成企业的主权资金，企业将税后利润按照一定的分配标准分配给投资者作为投资者的投资回报；投资者将资金投入企业，获得对企业资产的所有权，从而参与企业的生产经营运作并有权按持有的权益份额从税后利润中获取投资报酬。企业与投资者之间的财务关系体现为所有权性质上的经营权与所有权关系，也可以说是所有权性质上的受资与投资关系。

二是企业与被投资者之间的财务关系。企业可以将生产经营中闲置下来的、游离于生产过程以外的资金投放于其他企业，形成对外股权性投资。随着经济一体化的不断深入，企业间横向联合的开展，使企业间资金的横向流动日益增多。企业向外单位投资应当按照合同、协议的规定，按时、足额地履行出资义务，以取得相应的股份从而参与被投资企业的利润分配。被投资企业受资后须按照取得的税后利润和规定的分配方案将收益在不同投资者之间进行分配。企业与被投资单位之间的财务关系属于所有权性质上的投资与受资关系。

三是企业与债权人之间的财务关系。企业向债权人借入资金形成企业的债务资金，企业按照借款协议或合同中的约定按时向债权人支付利息作为对债权人出资的回报，并到期偿还债务本金；债权人按照合同中的约定及时将资金借给企业，成为企业的债权人，有权按合同、协议的约定取得利息和本金的清偿。与投资者不同的是，债权人的出资回报来源于税前利润；投资者的出资回报来源于税后利润，其数额并未在投资时确定下来，而是取决于企业税后利润的多寡以及企业利润分配的比例。企业与债权人之间的财务关系属于债务与债权关系。

四是企业与债务人之间的财务关系。企业不仅可以向债权人借入资金，形成资金来源，同样也可以将资金通过购买债券、提供借款或商业信誉等形式借给其他利益相关群体，企业将资金出借后，有权要求债务人按照约定的条件偿付本息。企业与这些利益相关群体间形成的财务关系表现为债权与债务关系。

五是企业与内部职工之间的财务关系。企业与内部职工之间通过签订劳务合同形成一定的财务关系。主要表现为：企业接受职工提供的劳务并从营业所得中按照一定的标准向职工支付工资、奖金、津贴、养老保险、失业保险、医疗保险、住房公积金等。此外，企业还可根据自身业务拓展的需要，为职工提供学习、培训的机会，提高职工的专业技能或管理水平，为企业创造更多的经济效益；职工按照合同约定为企业提供劳务，索取劳务报酬。这种企业与职工之间的财务关系属于劳动成果上的分配关系。

六是企业内部各单位、各部门之间的财务关系。企业内部各单位、各部门在企业生产经营过程中所处的环节、职能、分工各不相同，在企业实行内部经济核算制和经营责任制的条件下，企业内部各单位、各部门都有相对独立的资金定额或可独立支配的费用限额，当企业内部各单位、各部门之间相互提供产品、劳务时，对交易的客体——劳务、产品要进行计价并结算。此外，企业内部各单位、各部门与企业财务部门会发生诸如借款、报销、代收、代付等经济活动。在此意义上，其内部各单位、各部门之间会建立一定的财务关系，这种财务关系属于企业内部的资金结算关系，体现了企业内部各单位、各部门之间的利益关系。

七是企业与税务机关之间的财务关系。企业从事生产经营活动所取得的各项收入要按照税法的规定依法纳税，并由此形成与国家税务机关之间的财务关系。任何企业都有依法纳税的义务，以保证国家财政收入的实现，满足社会公共需要。因此，企业与国家税务机关之间的财务关系体现为企业在妥善安排税收战略筹划的基础上依法纳税和依法征税的权利义务关系。

二、财务管理的目标分析

由系统论可知，正确的目标是系统良性循环的前提条件，企业财务管理的目标对企业管理系统的运行也具有同样的意义。为此，应首先明确财务管理的目标。

（一）财务管理目标的特征

企业财务管理目标是指为了完成企业管理对财务管理提出的要求，在企业理财过程中实现事先拟定的希望实现的结果。它是在特定的理财环境中，通过组织财务活动、处理财务关系所要达到的根本目的。理财目标是衡量财务管理过程是否有效的最终标准。

企业财务管理目标具有以下特征。

第一，相对稳定性。随着宏观经济体制和企业经营方式的变化，随着人们认识的发展和深化，财务管理目标也可能发生变化。但是，宏观经济体制和企业经营方式的变化是渐进的，只有发展到一定阶段以后才会产生质变；人们的认识在达到一个新的高度以后，也需要有一个达成共识、为人所普遍接受的过程。因此，财务管理目标作为人们对客观规律性的一种概括，总的说来是相对稳定的。

第二，可操作性。财务管理目标是实行财务目标管理的前提，它要能够起到组织动员的作用，要能够据以制定经济指标并进行分解，实现职工的自我控制，进行科学的绩效考评，这样，财务管理目标就必须具有可操作性。具体说来包括：可以计量，可以追溯，可以控制。

第三，层次性。财务管理目标是企业财务管理这个系统顺利运行的前提条件，同时它本身也是一个系统。各种各样的理财目标构成了一个网络，这个网络反映着各个目标之间的内在联系。财务管理目标之所以有层次性，是由企业财务管理内容和方法的多样性以及它们相互关系上的层次性决定的。

由于企业所处的宏观经济环境不同，企业管理目标的衡量标准不同，企业管理的价值取向不同，企业财务管理目标也表现出了不同的内容。

（二）财务管理民的代表性观点

1. 以利润最大化为目标

利润最大化是西方微观经济学的理论基础。西方经济学家以往都是以利润最大化这一标准来分析和评价企业的行为和业绩。这种观点认为：利润代表企业新创造的价值，利润越多则说明企业的价值积累越多，越接近企业的管理目标。

以"利润最大化"作为理财目标的原因是：第一，从全社会角度看，人类从事生产经营的目的是创造更多的财富，企业生产更多的剩余产品用以满足消费者的消费需求，在经济领域中，用来衡量剩余产品数量多少的价值指标是利润额；第二，在自由竞争的资本市场中，一定量资本的最终使用权归使用效率最好的企业，即获利最多的企业；第三，利润是企业补充资本，扩大生产经营规模的资金源泉，利润越多，企业的自我积累能力越强，越具有竞争实力。

因此以利润最大化作为理财目标在一定条件下对社会经济发展、企业管理目标的实现具有一定的积极意义。但利润最大化目标在实践应用中暴露出许多缺点。

一是没有考虑利润实现的时间，没有考虑项目收益的时间价值。例如有 A、B 两个投资项目，其利润都是 10 万元，如果不考虑资金的时间价值，则无法判断哪一个更符合企业的目标。但如果说 A 项目的 10 万元是去年已赚取的，而 B 项目的 10 万元是今年赚取的，显然，对于相同的现金流入来说，A 项目的获利时间较早，也更具有价值。

二是没有考虑风险问题。高风险往往伴随着高利润，如果为了利润最大化而选择高风险的投资项目，或进行过度的借贷，企业的经营风险和财务风险就会大大提高。

三是没有考虑利润和投入资本的关系。片面地追求利润最大化，可能会使企业在制定政策时过于重视"近期利益"忽视"远期利益"，引发决策上的"短视行为"，导致企业只顾实现目前的短期利润最大化，忽视了企业的长远发展。

2. 以每股收益最大化为目标

以每股收益最大化为目标的观点认为：在企业运营过程中，资金是稀缺的经济资源，所以在企业理财时还应重视对资金运营效率的管理，即应当把企业获取的利润与所有者（股东）投入的资本相联系，从而衍生出"每股收益最大化"的企业理财目标。"每股收益最大化"目标克服了"利润最大化"目标中的一个缺点，即考虑了所得与所费之间的比例关系，强调了资金运营效率，但是该理财目标中依然存在弊端：一是没有考虑到资金的时间价值；二是没有考虑取得利润时所承担的风险；三是不能避免决策上的"短视行为"。

3. 以股东财富最大化为目标

股东财富最大化是指通过财务上的合理经营，为股东带来最多的财富。在股份经济条件下，股东财富由其所拥有的股票数量和股票市场价格两方面来决定，其中，股票数量的多少取决于股东最初投入的资本数额，并不能体现出企业日后的经营为其带来的利益。因此，股东财富最大化也最终体现为股票价格。

股价的高低代表了投资大众对企业价值的客观评价。衡量股东财富大小的标准：每股价格的高低反映了资本和获利之间的关系；它受每股盈余的影响，反映了每股盈余大小和取得的时间；它受企业风险大小的影响，可以反映每股盈余的风险。

综上所述，与前两种财务管理目标相比，"股东财富最大化"有其显著的优点：第一，概念清晰，股东财富最大化可以用股票市价来计量；第二，考虑了资金的时间价值；第三，科学地考虑了风险因素，因为风险的高低会对股票价格产生重要影响；第四，股东财富最大化一定程度上能够克服企业在追求利润上的短期行为，因为不仅目前的利润会影响股票价格，预期未来的利润对企业股票价格也会产生重要影响；第五，股东财富最大化目标比较容易量化，便于考核和奖惩。

但是，这一理财目标也有其缺点。首先，它只适用于上市企业，对非上市企业很难适用。就中国现在国情而言，上市企业并不是中国企业的主体，因此在现实中，股东财富最大化尚不适于作为中国财务管理的目标。其次，股东财富最大化要求金融市场是有效的。由于股票的分散和信息的不对称，经理人员为实现自身利益的最大化，有可能以损失股东的利益为代价做出逆向选择。最后，股票价格除了受财务因素的影响之外，还受其他因素的影响，股票价格并不能准确反映企业的经营业绩。所以，股东财富最大化目标受到了理论界的质疑。

第二节　财务管理的环境分析

财务管理环境①是指对企业财务活动和财务管理产生影响和作用的企业内外部的各种条件。通过环境分析，可以提高企业财务行为对环境的适应能力、应变能力和利用能力，以便更好地实现企业财务管理目标。

企业财务管理环境按其存在的空间，可分为内部财务环境和外部财务环境。内部财务环境主要内容包括企业资本实力、生产技术条件、经营管理水平和决策者素质等四个方面。由于内部财务环境，存在于企业内部，是企业可以从总体上采取一定的措施施加控制和改变的因素。而外部财务环境，由于存在于企业外部，它们对企业财务行为的影响无论是有形的硬环境，还是无形的软环境，企业都难以控制和改变，更多的是适应和因势利导。因此本节主要分析外部财务环境。影响企业外部财务环境有各种因素，其中最主要的有法律环境、经济环境和金融市场环境等。

一、财务管理的法律环境

财务管理的法律环境是指企业和外部发生经济关系时所应遵守的各种法律、法规和规章。市场经济是一种法制经济，企业的一切经济活动总是在一定法律法规范围内进行的。一方面，法律提出了企业从事一切经济业务所必须遵守的规范，从而对企业的经济行为进行约束；另一方面，法律也为企业合法从事各项经济活动提供了保护。企业财务管理中应遵循的法律法规主要包括以下方面。

（一）企业组织法

企业是市场经济的主体，不同组织形式的企业所适用的法律不同。按照国际惯例，企业划分为独资企业、合伙企业和公司制企业，各国均有相应的法律来规范这三类企业的行为。因此，不同组织形式的企业在进行财务管理时，必须熟悉其企业组织形式对财务管理的影响，从而做出相应的财务决策。

（二）税收法规

税法是税收法律制度的总称，是调整税收征纳关系的法规规范。与企业相关的税种主

---

① 人类生存的空间及其中可以直接或间接影响人类生活和发展的各种自然因素称为环境。

要有以下五种。

所得税类：包括企业所得税、个人所得税。

流转税类：包括增值税、消费税、营业税。

资源税类：包括资源税、土地使用税、土地增值税。

财产税类：财产税、房产税、城市房地产税、车船使用税。

行为税类：印花税、屠宰税。

（三）财务法规

企业财务法规制度是规范企业财务活动，协调企业财务关系的法令文件。我国目前企业财务管理法规制度有：《企业财务通则》、行业财务制度和企业内部财务制度等三个层次。

（四）其他法规

其他法规如《证券交易法》《票据法》《银行法》等。

从整体上说，法律环境对企业财务管理的影响和制约主要表现在以下方面。

在筹资活动中，国家通过法律规定了筹资的最低规模和结构，如《公司法》规定股份有限公司的注册资本的最低限额为人民币1000万元，规定了筹资的前提条件和基本程序，如《公司法》就对公司发行债券和股票的条件做出了严格的规定。

在投资活动中，国家通过法律规定了投资的方式和条件，如《公司法》规定股份公司的发起人可以用货币资金出资，也可以用实物、工业产权、非专利技术、土地使用权作价出资，规定了投资的基本程序、投资方向和投资者的出资期限及违约责任，如企业进行证券投资必须按照《证券法》所规定的程序来进行，企业投资必须符合国家的产业政策，符合公平竞争的原则。

在分配活动中，国家通过法律如《税法》《公司法》《企业财务通则》及《企业财务制度》规定了企业成本开支的范围和标准，企业应缴纳的税种及计算方法，利润分配的前提条件、利润分配的去向、一般程序及重大比例。在生产经营活动中，国家规定的各项法律也会引起财务安排的变动或者说在财务活动中必须予以考虑。

二、财务管理的经济环境

财务管理作为一种微观管理活动，与其所处的经济管理体制、经济结构、经济发展状况、宏观经济调控政策等经济环境密切相关。

（一）经济管理体制

经济管理体制，是指在一定的社会制度下，生产关系的具体形式以及组织、管理和调节国民经济的体系、制度、方式和方法的总称，可以分为宏观经济管理体制和微观经济管理体制两类。宏观经济管理体制是指整个国家宏观经济的基本经济制度，而微观经济管理体制是指一国的企业体制及企业与政府、企业与所有者的关系。宏观经济管理体制对企业财务行为的影响主要体现在，企业必须服从和服务于宏观经济管理体制，在财务管理的目标、财务主体、财务管理的手段与方法等方面与宏观经济管理体制的要求相一致。微观经济管理体制对企业财务行为的影响与宏观经济体制相联系，主要体现在如何处理企业与政府、企业与所有者之间的财务关系。

（二）经济结构

一般指从各个角度考察社会生产和再生产的构成，包括产业结构、地区结构、分配结构和技术结构等。经济结构对企业财务行为的影响主要体现在产业结构上。一方面，产业结构会在一定程度上影响甚至决定财务管理的性质，不同产业所要求的资金规模或投资规模不同，不同产业所要求的资本结构也不一样。另一方面，产业结构的调整和变动要求财务管理做出相应的调整和变动，否则企业日常财务运作艰难，财务目标难以实现。

（三）经济发展状况

任何国家的经济发展都不可能呈长期的快速增长之势，而总是表现为"波浪式前进，螺旋式上升"的状态。当经济发展处于繁荣时期，经济发展速度较快，市场需求旺盛，销售额大幅度上升。企业为了扩大生产，需要增加投资，与此相适应则须筹集大量的资金以满足投资扩张的需要。当经济发展处于衰退时期，经济发展速度缓慢，甚至出现负增长，企业的产量和销售量下降，投资锐减，资金时而紧缺，时而闲置，财务运作出现较大困难。

另外，经济发展中的通货膨胀也会给企业财务管理带来较大的不利影响，主要表现在：资金占用额迅速增加；利率上升，企业筹资成本加大；证券价格下跌，筹资难度增加；利润虚增、资金流失等。

（四）宏观经济调控政策

政府具有对宏观经济发展进行调控的职能。在一定时期，政府为了协调经济发展，往往通过计划、财税、金融等手段对国民经济总运行机制及子系统提出一些具体的政策措施。这些宏观经济调控政策对企业财务管理的影响是直接的，企业必须按国家政策办事，否则将寸步难行。例如，国家采取收缩的调控政策时，会导致企业的现金流入减少，现金流出增加、资金紧张、投资压缩。反之，当国家采取扩张的调控政策时，企业财务管理则会出现与之相反的情形。

三、财务管理的金融市场环境

金融市场是指资金筹集的场所。广义的金融市场，是指一切资本流动（包括实物资本和货币资本）的场所，其交易对象为：货币借贷、票据承兑和贴现、有价证券的买卖、黄金和外汇买卖、办理国内外保险、生产资料的产权交换等。狭义的金融市场一般是指有价证券市场，即股票和债券的发行和买卖市场。

（一）金融市场的类别

按交易期限分为：短期资金市场和长期资金市场。短期资金市场是指期限不超过一年的资金交易市场，因为短期有价证券易变成货币或作为货币使用，所以也叫货币市场。长期资金市场，是指期限在一年以上的股票和债券交易市场，因为发行股票和债券主要用于固定资产等资本货物的购置，所以也叫资本市场。

按交易性质分为：发行市场和流通市场。发行市场是指从事新证券和票据等金融工具买卖的转让市场，也叫初级市场或一级市场。流通市场是指从事已上市的旧证券或票据等金融工具买卖的转让市场，也叫次级市场或二级市场。

按交易直接对象分为：同业拆借市场、国债市场、企业债券市场、股票市场和金融期货市场等。

按交割时间分为：现货市场和期货市场。现货市场是指买卖双方成交后，当场或几天之内买方付款、卖方交出证券的交易市场。期货市场是指买卖双方成交后，在双方约定的未来某一特定的时日才交割的交易市场。

（二）金融市场影响企业财务活动

企业从事投资活动所需要的资金，除了所有者投入以外，主要从金融市场取得。金融政策的变化必然影响企业的筹资与投资。所以，金融市场环境是企业最为主要的环境因素，它对企业财务活动的影响主要有以下方面。

第一，金融市场为企业提供了良好的投资和筹资的场所。当企业需要资金时，可以在金融市场上选择合适的方式筹资，而当企业有闲置的资金，又可以在市场上选择合适的投资方式，为其资金寻找出路。

第二，金融市场为企业的长短期资金相互转化提供方便。企业可通过金融市场将长期资金，如股票、债券，变现转为短期资金，也可以通过金融市场购进股票、债券等，将短期资金转化为长期资金。

第三，金融市场为企业财务管理提供有意义的信息。金融市场的利率变动反映资金的供求状况，有价证券市场的行情反映投资人对企业经营状况和盈利水平的评价。这些都是企业生产经营和财务管理的重要依据。

（三）我国主要金融机构

一是中国人民银行。中国人民银行是我国的中央银行，它代表政府管理全国的金融机构和金融活动，经理国库。它的主要职责为：拟订金融改革和发展战略规划、起草有关法律和行政法规草案、依法制定和执行货币政策、完善金融宏观调控体系等。

二是政策银行。政策银行是指由政府设立，以贯彻国家产业政策、区域发展政策为目的，不以营利为目的的金融机构。我国目前有国家政策银行：国家开发银行、中国进出口银行、中国农业发展银行，均直属国务院领导。

三是商业银行。商业银行是以经营存款、放款、办理转账结算为主要业务，以营利为主要经营目标的金融机构。商业银行没有货币的发行权，业务主要集中在经营存款和贷款业务，存贷款之间的利差就是商业银行的主要利润。我国商业银行有：国有独资商业银行、股份制商业银行、城市商业银行、农村商业银行和邮政储蓄银行。

四是非银行金融机构。非银行金融机构是以发行股票和债券、接受信用委托、提供保险等形式筹集资金，并将所筹资金运用于长期性投资的金融机构。我国主要的非银行金融机构有：保险公司、信托投资公司、证券机构、财务公司、金融租赁公司等。

第三节　企业组织形式与财务管理

财务管理的基础是企业组织形式，企业组织性质和特点决定企业目标及其相应的财务目标。不同类型的企业，其资本来源结构不同，企业所适用的法律方面有所不同和差别，财务管理活动开展的空间范围也不同。

企业究竟采取什么样的形式来管理自身的财务活动，直接关系到企业的生存和发展。企业是市场经济的主体，企业组织形式的不同类型决定着企业的财务结构、财务关系、财务风险和所采用财务管理方式的差异，而企业财务管理必须立足企业的组织形式。

企业的组织形式有独资企业、合伙企业和公司制企业。

一、独资企业

独资企业是指依法设立，由一个自然人投资，财产为投资人个人所有，投资人以其个人财产对公司债务承担无限责任的经营实体。独资企业是最简单的企业组织形式。企业不具有独立法人资格，依附于业主存在。

（一）独资企业的主要特点

第一，独资企业创办容易，开办费用低廉，受政府的法规管束较少。

第二，独资企业的资金来源主要是业主个人储蓄、各类借款，不允许以企业名义发行股票、债券筹资。

第三，出资人对企业债务承担无限责任。如果独资企业因投资或营运的需要向银行或其他金融机构借款，当独资企业无法清偿债务时，业主必须承担所有的债务。

第四，独资企业不作为企业所得税的纳税主体，其收益纳入所有者的其他收益一并计算交纳个人所得税。

第五，独资企业依附于业主个人而存在，当个体业主无法履行经营职责时，企业也就终止经营，不复存在。

我国的国有独资公司不属于本类企业，而是按有限责任公司对待。

（二）独资企业的财务优劣势

独资企业的财务优势是：①由于企业主个人对企业的债务承担无限责任，法律对这类企业的管理就比较宽松，设立企业的条件不高，程序简单、方便；②企业所有权和经营权是一致的；③所有者与经营者合为一体，经营方式灵活，一切财务管理决策直接为业主服务。

独资企业的财务劣势则是：①筹资较困难，独资企业规模小，企业主个人由于财力有限，并由于受到还债能力的限制，对债权人缺少吸引力，它取得贷款的能力也比较差，因而难以投资经营一些资金密集、适合于规模生产经营的行业；②企业存续期短，一旦企业主死亡、丧失民事行为能力或不愿意继续经营，企业的生产经营活动就只能中止；③企业所有权不容易转让；④由于受到业主数量、人员素质、资金规模的影响，独资企业抵御财务经营风险的能力低下。

二、合伙企业

合伙企业是依法设立，由各合伙人订立合伙协议、共同出资、合伙经营、共享收益、共担风险，并对合伙企业债务承担无限连带责任的营利组织。

（一）合伙企业的法律特征

第一，有两个以上合伙人，并且都是具有完全民事行为能力，依法承担无限责任的人。

第二，有书面合伙协议，合伙人依照合伙协议享有权利、承担责任。

第三，有各合伙人实际缴付的出资，合伙人可以用货币、实物、土地使用权、知识产权或者其他属于合伙人的合法财产及财产权利出资，经全体合伙人协商一致。合伙人也可以用劳务出资，其评估作价由全体合伙人协商确定。

第四，有关合伙企业改变名称、向企业登记机关申请办理变更登记手续、处分不动产或财产权利、为他人提供担保、聘任企业经营管理人员等重要事务，均须经全体合伙人一致同意。

第五，合伙企业的利润分配、亏损分担，按照合伙协议的约定办理；合伙协议未约定或者约定不明确的，由合伙人协商决定；协商不成的，由合伙人按照实缴出资比例分配、分担；无法确定出资比例的，由合伙人平均分配、分担，合伙协议不得约定将全部利润分配给部分合伙人或者由部分合伙人承担全部亏损。

第六，各合伙人对合伙企业债务承担无限连带责任。

（二）合伙企业的主要特点

第一，合伙企业创办较易，开办费用低廉。相对公司制企业而言，政府管理较松。

第二，合伙企业融资与独资企业相似，企业开办的资金来源主要是合伙人的个人储蓄、各类借款。合伙企业不能通过出售证券来筹资，筹资渠道较少。

第三，普通合伙企业由普通合伙人组成，合伙人对合伙企业债务承担无限连带责任。有限合伙企业由普通合伙人和有限合伙人组成，普通合伙人对合伙企业债务承担无限连带责任，有限合伙人以其认缴的出资额为限对合伙企业债务承担责任。

第四，合伙企业的收入按照合伙人征收个人所得税。

第五，当普通合伙人死亡或撤出时，普通合伙企业随之终结。而对于有限合伙企业来说，有限合伙人可以出售他们在企业中的利益，选择退出合伙。

许多律师事务所、会计师事务所或联合诊所都是合伙企业。

(三) 合伙企业的财务优劣势

1. 合伙企业的财务优势

与独资企业相比较，合伙企业的主要财务优势体现在以下方面。

第一，由于每个合伙人既是合伙企业的所有者，又是合伙企业的经营者，这就可以发挥每个合伙人的专长，提高合伙企业的决策水平和管理水平。

第二，由于可以由众多的人共同筹措资金，提高了筹资能力和扩大了企业规模，同时，也由于各合伙人共同负责偿还债务，这就降低了向合伙企业提供贷款的机构风险。

第三，由于合伙人对合伙企业的债务承担无限连带责任，因而有助于增强合伙人的责任心，提高合伙企业的信誉。

2. 合伙企业的财务劣势

与独资企业相比较，合伙企业的主要财务劣势体现在以下方面。

（1）合伙企业财务不稳定性比较大。由于合伙企业以合伙人间的相互信任为基础，合伙企业中任何一个合伙人发生变化（如原合伙人丧失民事行为能力、死亡、退出合伙或者新合伙人加入等）都将改变原合伙关系，建立新的合伙企业。因而，合伙企业的存续期限是很不稳定的。

（2）合伙企业投资风险大。由于各合伙人对合伙企业债务负连带责任，因此，合伙人承担的经营风险极大，使合伙企业难以发展壮大。

（3）合伙企业由于在重大财务决策问题上必须经过全体合伙人一致同意后才能行动，因此，合伙企业的财务管理机制就不能适应快速多变的社会要求。

三、公司制企业

公司是依照公司法登记设立，以其全部法人财产，依法自主经营、自负盈亏的企业法人。

（一）公司制企业的主要特征

第一，公司设立手续较为复杂。公司的组成必须有公司组织章程，其中规定企业成立的目的、可发行的股数、董事会如何组成，且组织章程必须符合公司法以及其他相关法律规范。

第二，由于公司是独立法人，公司有自己的名称、所在地址，拥有自己独立的财产。

因此，公司可以以自己的名义向金融机构借款或发行公司债券，也可以发行股票筹资。

第三，公司实行有限责任制，即股东对公司的债务只负有限责任。在公司破产时，股东所承受的损失以其在该公司的出资额为限。

第四，代表公司所有权的股权转让方便。公司股权以股票形式被等额划分为若干份，从而方便股东在证券市场的自由交易。

第五，公司经营活动实行两权（所有权和经营权）分离。

第六，政府对公司制企业的管制严于独资企业和合伙企业，且征收双重税收，即公司的收益先要交纳公司所得税，税后收益以现金股利分配给股东后，股东还要交纳个人所得税。

（二）公司制企业的类型

我国公司法所称公司指有限责任公司和股份有限公司。

1. 有限责任公司

有限责任公司是指每个股东以其所认缴的出资额为限对公司承担有限责任，公司以其全部资产对其债务承担责任的企业法人。

有限责任公司一般简称为有限公司，具有下列一些特征。

第一，它的设立程序要比股份公司简便得多。在我国，设立股份有限公司要经过国务院授权的部门或省级人民政府批准，而设立有限公司，除法律、法规另有规定外，不需要任何政府部门的批准，可以直接向公司登记机关申请登记。有限公司不必发布公告，也不必公开其账目，尤其是公司的资产负债表一般不予公开。

第二，有限公司不公开发行股票。有限责任公司的股东虽然也有各自的份额以及股份的权利证书，但它只是一种证券证明，而不像股票那样属于有价证券。而且，各股东的股份由股东协商确定，并不要求等额，可以有多有少。

第三，有限公司的股东人数有限额。大多数国家的公司法都对有限公司的股东人数有上限规定，即最多不得超过多少人。我国《公司法》规定，有限责任公司由50个以下股东出资设立。

第四，有限公司的股份不能上市自由买卖。由于有限公司股东持有的股权证书不是可上市的股票，所以这种股权证书只能在股东之间相互转让。股东向股东以外的人转让股权，应当经其他股东过半数同意。经股东同意转让的股权，在同等条件下，其他股东有优先购买权。

第五，有限公司的内部管理机构设置灵活。股东人数较少和规模较小的有限公司，可以不设立董事会，只设 1 名执行董事，执行董事可以兼任公司经理。而且，这类公司也可以不设立监事会，只设 1~2 名监事，执行监督的权利。但董事、高级管理人员不得兼任监事。

由于有限责任公司具有上述特点，许多中小规模的企业往往采取这种公司形式。这样，既可享受政府对法人组织给予的税收等优惠和法人制度带来的其他好处，又能保持少数出资人的封闭经营，所以在一些西方国家中有限责任公司的数目大大超过股份有限公司。不过，在资本总额上，有限责任公司通常大大小于股份有限公司，因而经济地位相对较弱。

2. 股份有限公司

股份有限公司是指全部注册资本由等额股份构成并通过发行股票筹集资本的企业法人。股份有限公司一般简称为股份公司，在英国和美国称为公开（上市）公司，在日本称为株式会社。

（1）股份有限公司的特征

第一，股份公司是最典型的合资公司。在股份公司中股东的人身性质没有任何意义，股东仅仅是股票的持有者，他的所有权利都体现在股票上并随股票的转移而转移，持有股票的人便是股东。股份公司必须预先确定资本总额，然后再着手募集资本。任何愿意出资的人都可以成为股东，没有资格限制。

第二，股份公司将其资本总额分为等额股份。资本平均分为股份，每股金额相等，同股同权、同股同价是股份公司的一个突出特点。

第三，股份公司的股东人数有上下限要求。我国《公司法》规定，设立股份有限公司，应当有 2 人以上 200 人以下为发起人，其中须有半数以上的发起人在中国境内有住所。

第四，股份公司设立程序复杂，法律要求严格。我国《公司法》规定，股份公司的设立要经过国务院授权的部门或者省级人民政府批准，不得自行设立。股份公司的重要文件，如公司章程、股东名录、股东大会会议记录和财务会计报告必须公开，以供股东和债权人查询。股份公司每年还必须公布公司的财务报表。

第五，股份有限公司要设董事会，其成员为 5~19 人。股份有限公司要设监事会，其成员不得少于 3 人。董事、高级管理人员不得兼任监事。

（2）股份有限公司的财务优劣势

股份有限公司的主要财务优势有三个方面。①易于筹资。就筹集资本的角度而言，股份有限公司是最有效的企业组织形式。因其永续存在以及举债和增股的空间大，股份有限公司具有更大的筹资能力和弹性。②易于转让。由于股票可以在市场上自由流动，所以股东流动性极大。因此，在企业经营不善、面临亏损或破产危险时，股东可以迅速出售股票，转而投资到有利的企业中去。同时，这也能对企业经理人员形成压力，迫使其提高经营管理水平。③有限责任。股东对股份有限公司的债务承担有限责任，倘若公司破产清算，股东的损失以其对公司的投资额为限。而对独资企业和合伙企业，其所有者可能损失更多，甚至个人的全部财产。

股份有限公司的主要财务劣势是：一方面，股东的流动性太大，股东对于公司缺乏责任感，因为股东购买股票的目的就是为了取得红利或为在股市上获得资本利得收益，而不是为了办好企业，往往公司经营业绩一旦欠佳，股东就转让、出售股票；另一方面，股份有限公司的财务管理是最有挑战性的，几乎所有的公司财务管理理论都是源于股份公司财务管理的需求。

综上所述，企业组织形式的差异导致财务管理组织形式的差异，对企业理财有重要影响。在独资和合伙的企业组织形式下，企业的所有权和经营权合二为一，企业的所有者同时也是企业的经营者，他们享有财务管理的所有权利，并与其所享有的财务管理权利相适应，这两种企业的所有者必须承担一切财务风险或责任。其中，合伙企业的资金来源和信用能力比独资企业有所增加，收益分配也更加复杂，因此，合伙企业的财务管理比独资企业复杂得多。企业采取公司制组织形式，其所有权主体和经营权主体就发生分离，这时，所有者不像独资和合伙那样承担无限责任，他们只以自己的出资额为限承担有限责任，即只要他们对公司缴足了注册资本的份额，对公司或公司的债权人就无须再更多地支付。公司引起的财务问题最多，企业不仅要争取获得最大利润，而且要争取使企业价值增加；公司的资金来源有多种多样，筹资方式也很多，需要进行认真的分析和选择；盈余分配也不像独资企业和合伙企业那样简单，要考虑企业内部和外部的许多因素。

公司这一组织形式，已经成为西方大企业所采用的普遍形式，也是我国建立现代企业制度过程中选择的企业组织形式之一。本书所讲的财务管理，主要是指针对公司的财务管理。

第四节　新经济时代对财务管理的影响

我国经济体制转型发展，相应加快了经济发展速度，企业进入现代化发展模式。在新经济条件下，受到网络经济时代、知识经济时代和经济全球化趋势的影响，企业财务管理的影响因素有所增加。企业为了实现可持续发展的目标，必须对财务管理方式进行完善，以此适应新时代的发展要求。

一、新经济时代财务管理环境变化

变化一：经济全球化发展。

经济发展依赖于企业发展，可以帮助企业建立新经济结构，避免企业管理受经济变化的限制，使其能够结合自身特点，采取科学的财务管理措施。随着全球一体化的发展，经济发展呈现出全球化趋势，表明企业财务管理环境随着时代的发展而变化，而企业发展离不开变革，也极易受环境影响。因此，企业应当高度重视财务管理，了解全球化趋势对企业发展的影响，以此完善企业的内部控制财务管理制度。

变化二：电子商务兴起。

通过互联网技术的应用，可以为社会生产和生活提供便利，相应地加快人们的生活节奏。互联网技术还能促进市场经济的发展，并带动电子商务发展，在现代经济结构中具有重要的作用。电子商务属于市场经济和互联网技术相结合的产物，通过互联网信息技术可以关联虚拟货币和实体交易，既可以促进经济流通发展，还可以全面提升财务管理方式的灵活性，从而逐渐扩大财务管理范围。此外，通过电子商务模式能够推动企业财务管理的发展，增加资金利用途径，从而提高企业资金流通速率，这种模式已成为财务管理发展的新趋势。

变化三：科学与人文发展。

企业发展具有特殊性，通过经营管理能够促进企业发展。然而在出现新经济条件后，不仅能够促进企业管理理念的发展，还能促进科学人文发展，全面体现出财务管理的体制，展现出财务管理对企业的影响。同时，经济的快速发展逐渐强化了科学与人文在企业建设中的作用，对企业财务管理的影响非常大，能够改善财务管理制度。因此，将财务管理和企业文化相结合，有助于企业发展的和谐与稳定，从根本上促进企业经济发展。

二、新经济时代财务管理面临的挑战

挑战一：经济全球化压力增加。

经济全球化已成为发展趋势，因国内外的经济环境问题突出，导致企业发展面临较大压力。大多数企业利用多元化发展、跨国经营和内部重组等方式来适应经济全球化发展的要求，增强市场竞争力，提升企业经济效益。在企业经营管理中，财务管理的作用非常大，企业改变传统经营活动后，应当注重财务管理思维、工具方法的转变，相应地增加企业财务管理的复杂度。

挑战二：管理体制变化。

在市场经济体制发展过程中，企业对市场的反应速度不断加快。企业是市场的主体，在自主理财过程中，应当随着市场发展的不断加深与外部领域的关联，促进企业理财活动的频繁开展，从而丰富财务管理内容。在新经济条件下，财务管理对企业经营管理的影响非常大，企业财务管理面临的挑战也较多。

挑战三：财务管理范围持续扩大。

企业财务管理涉及生产环节、销售环节和供应环节，每个部门和每个经营环节的经济活动都会受到财务管理的制约。在市场变化发展过程中，相应改变了企业的内部管理，也扩大了财务管理的范围，既可以为企业生产营销与质量管理提供资料，还能协调企业与外部的关系，增加财务管理的内容。

挑战四：机构设置与财务管理人员的调整。

由于我国受计划经济的影响，企业财务机构多设置为金字塔型，且中间环节比较多，致使财务管理工作的创新性和灵活性不足，降低了财务管理效率，无法满足企业的发展要求。对于中小型企业来说，还会存在严重的裙带关系，影响财务管理人员的综合素质，财务管理能力不足，导致企业无法发挥财务管理的功能作用，不利于企业的发展，还会降低企业的市场竞争力。

第二章 新经济时代企业投资管理探究

第一节 项目投资及评价方法

对于创造价值而言,投资决策是财务决策中最重要的决策。筹资的目的是投资,投资需求决定了筹资的规模和时间。在一定意义上,投资决策决定着企业的前景,以至于提出投资方案和评价方案的工作已经不是财务人员能单独完成的,需要相关经理人员的共同努力。

一、项目投资概述

(一) 投资的含义理解

投资是指特定的经济主体为了在未来可预见的时期内获得收益,在一定时期向特定的标的物投放一定数额的货币资金或非货币性资产的经济行为。从特定企业角度看,投资是企业为获得收益而向特定对象投放资金的经济行为;从现金流量看,投资是为了将来更多现金流入而现时付出现金的经济行为。

不同主体的投资目的不同,并因此导致投资决策的标准和评价方法等诸多方面的区别。财务管理所讨论的投资,其主体是企业,而非个人、政府或专业投资机构。企业投资的实质是,企业作为独立的投资主体,以实现最大的投资价值为目的,将资金转化为固定资产、无形资产、流动资产等,以获取利润的投资行为。

1. 投资主体——公司

与个人或专业投资机构的间接投资不同,公司投资是直接投资。即现金直接投资于经营性资产,然后用其开展经营活动并获取现金。直接投资的投资人(公司)在投资以后继续控制实物资产,因此,可以直接控制投资回报;间接投资的投资人(公司债权人和股东)在投资以后不直接控制经营资产,因此,只能通过契约或更换代理人间接控制投资回报。

2. 投资对象——经营资产

经营资产是指企业生产经营活动所需要的资产，例如建筑物、机器设备、存货等，这些资产是企业进行生产经营活动的基础条件，企业利用这些资产可以增加价值，为股东创造财富。经营资产投资有别于金融资产投资。金融资产是指现金或有价证券等可以进入金融交易的资产。从投资行为介入程度看，经营资产投资是一种直接投资。投资后企业并没有失去资产的控制权，投资行为并不改变资金控制权归属，只是指定了企业资金的特定用途。这种投资是在企业内部进行的，因此，从投资的方向看，它是一种对内投资。

经营资产又进一步分为资本资产和营运资产。资本资产是指企业长期资产。资本资产的投资对企业的影响时间长，又称长期投资。营运资产是指企业的流动资产。流动资产对企业影响涉及时间短，又称短期投资。本章主要讨论与形成资本资产相关的长期投资，即项目投资（或资本投资）。长期投资涉及的问题非常广泛，财务经理主要关心其财务问题，也就是现金流量的规模（期望回收多少现金）、时间（何时回收现金）和风险（回收现金的可能性如何）。长期投资现金流量的计划和管理过程，称为"资本预算"。

3. 长期投资的直接目的——获取经营活动所需的实物资源

长期投资的直接目的是获取经营活动所需的固定资产、生物资源、油气资源等劳动手段或生产资源，以便运用这些资源赚取营业利润。长期投资的直接目的不是获取固定资产的再出售收益，而是要使用这些固定资产。有的企业也会以股权形式投资于其他企业，但这种投资与一般股票投资不同，主要是为了控制被投资企业，而不是直接以获取股利或资本利得为目的。企业要做的事情，应当是股东自己做不了或做不好的事情。

公司对于子公司的股权投资是经营性投资，目的是控制其经营，而不是期待再出售收益。合并报表将这些股权投资抵消，可以显示其经营性投资的本来面目。对子公司投资的评价方法，与直接投资经营性资产相同。对于非子公司股权投资也属于经营性投资，通常不以获取直接报酬为主要目的，目的是控制被投资企业。以便从销售、供应、技术或管理上得到回报，其分析方法与直接投资经营性资产相同。

实业企业长期持有少数股权证券或债券，在经济上缺乏合理性，没有取得正的净现值的依据，不如让股东自己直接去投资股票，不仅可以节约交易费用，而且企业还能减少税收负担。有时企业也会购买一些风险较低的金融资产，将其作为现金的替代品，其目的是在保持流动性的前提下降低闲置资金的机会成本，或对冲汇率、利率等金融风险，并非真正意义上的金融资产投资行为。

（二）项目投资的主要特点

由上述讨论可知，项目投资是指企业与形成资本性资产有关的经营资产投资。它包含的内容非常广泛，主要有新产品开发或现有产品的规模扩张、设备或厂房的更新、研究与开发、勘探及其他（如劳动保护设施建设、购置污染控制装置等）等类型。

与其他形式的投资相比，项目投资具有如下特点。

一是投资金额大。项目投资，特别是战略性的扩大生产能力投资一般都需要较多的资金，其投资额往往是企业及其投资人多年的资金积累，在企业总资产中占有相当大的比重。因此，项目投资对企业未来的现金流量和财务状况都将产生深远的影响。

二是影响时间长。项目投资的投资期及发挥作用的时间都较长，往往要跨越好几个会计年度或营业周期，对企业未来的生产经营活动将产生重大影响。

三是变现能力差。项目投资一般不准备在一年或一个营业周期内变现，而且即使在短期内变现，其变现能力也较差。因为，项目投资一旦完成，要想改变相当困难，不是无法实现，就是代价太大。

四是投资风险大。因为影响项目投资未来收益的因素多，加上投资额大、影响时间长和变现能力差，必然造成其投资风险比其他投资大，对企业未来的命运产生决定性影响。无数事例证明，一旦项目投资决策失败，会给企业带来先天性、无法逆转的损失。

（三）项目投资的不同类型

按不同的标准，项目投资可以分为不同的类型。不同类型的投资，涉及的因素不同、特点不同，在决策时应注意区别对待，以便做出最佳选择。

1. 按与企业发展的关系划分

按与企业发展的关系分为战略性投资和战术性投资。

战略性投资是指对企业全局产生重大影响的投资。其特点在于所需资金一般数量较多，回收时间较长，风险较大。由于战略性投资对企业的生存和发展影响深远，所以这种投资必须按严格的投资程序进行研究，才能做出决策。

战术性投资是指只关系到企业某一局部具体业务的投资。其特点在于所需资金数量较少，风险相对较小。战术性投资主要是为了维持原有产品的市场占有率，或者是利用闲置资金增加企业收益。

2. 按风险程度划分

按风险程度分为确定型投资和风险型投资。

确定型项目投资是指项目计算期的现金流量等情况可以较为准确地予以预测的投资。这类投资的期限一般较短，投资的环境变化不大，未来现金流量较易预测。

风险型项目投资是指未来情况不确定、难以准确预测的投资。这类项目投资决策涉的时间一般较长，投资初始支出、每年的现金流量回收、寿命期限、折现率都是预测和估算的，任何预测都有实现和不实现两种情况，即带有某种程度的不确定性和一定的风险性。

如果项目投资决策面临的不确定性和风险较小，可以忽略它们的影响，该决策仍视为确定情况下的决策。如果决策面临的不确定性和风险比较大且足以影响方案的选择，则在决策过程中，必须对这种不确定性和风险予以考虑并进行计量，以保证决策的科学性和客观性。公司的大多数项目投资都属于风险性投资。

3. 按相互之间是否相关划分

按相互之间是否相关，可分为独立投资和互斥投资。

独立投资是指彼此之间相互独立、互不排斥的若干个投资项目。在独立投资中，选择某一投资项目或方案并不排斥选择另一投资项目或方案。例如，某公司拟新建一个生产车间以扩大生产规模、进行某一新产品的研发、建一座办公大楼、购置几辆轿车等几项投资活动。这些投资项目之间是相互独立的，并不存在相互比较选择问题。既可以全部不接受，也可以接受其中一个或多个，甚至全部。对于独立方案而言，若无资金总量限制，只须评价其本身的财务可行性。若资金总量有限，也只影响其先后次序，不影响项目最终是否采纳。

互斥投资，又称互不相容投资，是指各项目间相互排斥、不能同时并存的投资。一组投资项目中的各个方案彼此可以相互代替，采纳项目组中的某一方案，就会自动排斥其他方案。例如，在固定资产更新改造中，是继续使用旧设备，还是购置新设备，只能选择其中一个方案，为典型的互斥方案。这类投资决策除了对所有项目逐个进行分析评价外，还要加以相互比较。显然，对互斥投资而言，即使每个项目本身在财务是可行的，也不能同时入选，只能取较优者。

4. 按增加利润途径划分

按增加利润途径，分为增加收入投资和降低成本投资。

增加收入投资是指通过扩大企业生产经营规模，从而增加收入以增加利润的投资。其投资决策规则是评价项目投产后所产生的现金净流入现值是否能够超过项目投资现金流出现值。

降低成本投资是指企业维持现有的经营规模，通过投资来降低生产经营中的成本和费用，间接增加企业利润的投资。其投资决策规则是评价在成本的降低中所获得的收益是否能证明该投资项目是可行的。

研究投资的分类，可以更好地掌握投资的性质和它们之间的相互关系，有利于把握重点，分清主次。当然，上述分类方法不是绝对的，一个投资项目可能属于不同的类型。

（四）项目投资的一般程序

第一，投资项目的设计。投资规模较大，所需资金较多的战略性项目，应由董事会提议，由各部门专家组成专家小组提出方案并进行可行性研究。投资规模较小、投资金额不大的战术性项目，由主管部门提议，并由有关部门组织人员提出方案并做可行性研究。

第二，项目投资的决策。项目投资的决策包括以下几点：①估算出投资方案的预期现金流量；②预计未来现金流量的风险，并确定预期现金流量的概率分布和期望值；③确定资本成本的一般水平，即贴现率；④计算投资方案现金流入量和流出量的总现值；⑤通过项目投资决策评价指标的计算，做出投资方案是否可行的决策。

第三，项目投资的执行。对已做出可行决策的投资项目，企业管理部门要编制资金预算，并筹措所需要的资金，在投资项目实施过程中，要进行控制和监督，使之能够按期按质完工，投入生产，为企业创造经济效益。

（五）投资项目的可行性研究内容

可行性是指一项事物可以做到的、现实行得通的、有成功把握的可能性。就企业投资项目而言，其可行性就是指对环境的不利影响最小，技术上具有先进性和适应性，产品在市场上能够被容纳或被接受，财务上具有合理性和较强的盈利能力，对国民经济有贡献，能够创造社会效益。广义的可行性研究是指在现代环境中，组织一个长期投资项目之前，必须进行的有关该项目投资必要性的全面考察与系统分析，以及有关该项目未来在技术、财务乃至国际经济等诸方面能否实现其投资目标的综合论证与科学评价。它是有关决策人（包括宏观投资管理当局与投资当事人）做出正确可靠的投资决策的前提与保证。狭义的可行性研究专指在实施广义可行性研究过程中，与编制相关研究报告相联系的有关工作。

广义的可行性研究包括机会研究、初步可行性研究和最终可行性研究三个阶段，具体又包括环境与市场分析、技术与生产分析和财务可行性评价等主要分析内容。

1. 投资项目的环境与市场分析

（1）建设项目的环境影响评价。在可行性研究中，必须开展建设项目的环境影响评价。所谓建设项目的环境，是指建设项目所在地的自然环境、社会环境和生态环境的统称。

建设项目的环境影响报告书应当包括下列内容：①建设项目概况；②建设项目周围环

境现状；③建设项目对环境可能造成影响的分析、预测和评估；④建设项目环境保护措施及其技术、经济论证；⑤建设项目对环境影响的经济损益分析；⑥对建设项目实施环境监测的建议；⑦环境影响评价的结论。

建设项目的环境影响评价属于否决性指标，凡未开展或没有通过环境影响评价的建设项目，不论其经济可行性和财务可行性如何，一律不得采用。

（2）市场分析。市场分析又称市场研究，是指在市场调查的基础上，通过预测未来市场的变化趋势，了解拟建项目产品的未来销路而开展的工作。

进行投资项目可行性研究，必须从市场分析入手。因为一个投资项目的设想大多来自市场分析的结果或源于某一种自然资源的发现和开发，以及某一项新技术、新设计的应用。即使是后两种情况，也必须把市场分析放在可行性研究的首要位置。如果市场对于项目的产品完全没有需求，项目仍不能成立。

市场分析要提供未来运营期不同阶段的产品年需求量和预测价格等预测数据，同时要综合考虑潜在或现实竞争产品的市场占有率和变动趋势，以及人们的购买力及消费心理的变化情况。这项工作通常由市场营销人员或委托的市场分析专家完成。

2. 投资项目的技术与生产分析

（1）技术分析。技术是指在生产过程中由系统的科学知识、成熟的实践经验和操作技艺综合而成的专门的学问和手段。它经常与工艺通称为工艺技术，但工艺是指为生产某种产品所采用的工作流程和制造方法，不能将两者混为一谈。广义的技术分析是指在构成项目组成部分及发展阶段上一切与技术问题有关的分析论证与评价。它贯穿于可行性研究的项目确立、厂址选择、工程设计、设备选型和生产工艺确定等各项工作，成为与财务可行性评价相区别的技术可行性评价的主要内容。狭义的技术分析是指对项目本身所采用工艺技术、技术装备的构成以及产品内在的技术含量等方面的内容进行的分析研究与评价。技术可行性研究是一项十分复杂的工作，通常由专业工程师完成。

（2）生产分析。生产分析是指在项目确保能够通过对环境影响评价的前提下，所进行的厂址选择分析、资源条件分析、建设实施条件分析、投产后生产条件分析等一系列分析工作。厂址选择分析包括选点和定址两个方面的内容。前者主要是指建设地区的选择，主要考虑生产力布局对项目的约束；后者主要是指项目具体地理位置的确定。在厂址选择时，应通盘考虑自然因素（包括自然资源和自然条件）、经济技术因素、社会政治因素和运输及地理位置因素。

生产分析涉及的因素多，问题复杂，需要组织各方面专家分工协作才能完成。

3. 投资项目的财务可行性分析

财务可行性分析，是指在已完成相关环境与市场分析、技术与生产分析的前提下，围绕已具备技术可行性的建设项目而开展的，有关该项目在财务方面是否具有投资可行性的一种专门分析评价。

二、进行项目投资决策的评价方法

项目投资决策评价的基本原理是：当投资项目收益率超过资本成本时，企业价值将增加；投资项目收益率低于资本成本时，企业价值将减少。这一原理涉及项目的报酬率、资本成本和股东财富的关系。

投资要求的报酬率是投资人的机会成本，即是投资人将资金投资于其他等风险资产可以赚取的最高收益。企业投资项目的报酬率必须达到投资人的要求。如果企业的资产获得的报酬超过资本成本，企业的收益大于股东要求，必然会吸引新的投资者购买该公司股票，其结果是股价上升。如果相反，股东会对公司不满，有一部分人会出售公司股票，导致股价下跌。因此，资本成本也可以说是企业在现有资产上必须赚取的、能使股价维持不变的收益。股价代表了股东财富，反映了资本市场对公司价值的估计。企业投资取得高于资本成本的报酬，就为股东创造了价值；反之，则毁损了股东财富。因此，投资人要求的报酬率即资本成本，是评价项目是否为股东创造财富的标准。

项目投资决策是通过一定的经济评价指标来进行。进行投资项目决策的评价方法有非贴现评价方法和贴现评价方法两类。

（一）非贴现评价方法

非贴现的方法不考虑资金的时间价值，把不同时间的现金流量看成是等效的。因此，这些方法在选择方案时通常起辅助作用。

1. 回收期法

投资回收期法是使用回收期作为评价方案优劣指标的一种方法。投资回收期是指投资引起的现金流入累计到与投资额相等所需的时间，代表收回投资所需的年限。回收年限越短，投资方案的流动性越好，风险越小。

投资回收期有包括建设期的投资回收期（记作 PP）和不包括建设期的投资回收期（记作 PP'）两种形式。包括建设期的投资回收期等于不包括建设期的投资回收期加上建设期，即 $PP = PP' + S$。

投资回收期是一个静态的绝对量反指标。由于计算简便，并且容易理解，在实务中应用较为广泛。它的缺点主要包括：一是没有考虑资金的时间价值；二是没有考虑回收期以后的现金流量；三是不能反映投资方案实际的报酬率。事实上，具有战略意义的长期投资往往早期收益较低，中后期收益较高。投资回收期法优先考虑急功近利的项目，可能导致放弃长期成功的方案。它是以往评价投资项目财务可行性最常用的方法，目前只是作为辅助方法使用，主要用来测定方案的流动性而非营利性。

使用投资回收期法进行决策必须有一个决策依据，但没有客观因素表明存在一个合适的截止期，可以使公司价值最大化。因此，回收期法没有相应的参照标准。通常，在不考虑其他评价指标的前提下，用小于或等于项目计算期的一半或基准回收期，作为判断投资项目是否具有财务可行性的标准。这一参照标准在一定意义上只是一种主观的臆断。

为了克服回收期法不考虑资金时间价值的缺陷，人们提出了折现投资回收期法。折现投资回收期，又称动态投资回收期，是指在考虑资金时间价值的情况下以投资项目引起的现金流入量抵偿原始投资所需要的时间。动态投资回收期是使下式成立的 PP。

动态投资回收期出现以后，为了区分，将传统的投资回收期称为非折现投资回收期或静态投资回收期。

2. 会计收益率法

会计收益率法是使用会计收益率作为评价方案优劣指标的一种方法。会计收益率，又称投资利润率，是年平均净收益占原始投资额的百分比。在计算时使用会计的收益、成本观念以及会计报表的利润数据，不直接使用现金流量信息。

会计收益率是一个静态的相对量正指标。它的优点是计算简单，应用范围较广。其缺点主要有：一是没有考虑资金时间价值；二是无法直接利用净现金流量信息；三是不能反映投资方案本身的投资报酬率；四是计算公式的分子分母的时间特征不同，不具有可比性。

与投资回收期一样，会计收益率指标没有一个客观的基准可以作为评判投资项目财务可行性的依据。通常以行业平均会计收益率或投资人要求的会计收益率作为基准。在此情况下，不考虑其他评价指标的前提下，只有当会计收益率指标大于或等于基准会计收益率，投资项目才具有财务可行性。

（二）贴现评价方法

贴现的评价方法，是指考虑资金时间价值的分析评价方法，亦被称为贴现现金流量分析技术或动态分析法。常用的贴现评价方法主要包括净现值法、获利指数法和内含报酬率法等。

1. 净现值法

（1）净现值法的含义

净现值法是使用净现值来评价方案优劣的一种方法。净现值（记作NPV），是指特定方案在整个项目计算期内每年净现金流量现值的代数和，或者说是特定方案未来现金流入量的现值与未来现金流出量的现值之间的差额。

净现值法所依据的原理是：假设预计的现金流入在年末肯定可以实现，把原始投资看成是按预定贴现率借入的。当净现值为正时，偿还本息后还有剩余的收益。净现值的经济意义是投资方案贴现后的净收益。

要计算投资项目的净现值，不仅需要知道与项目相关的现金流量，还必须确定贴现率。在通常情况下，采用企业要求的最低投资报酬率或资本成本作为投资项目预定的贴现率。

（2）净现值指标的特点

净现值是一个折现的绝对量正指标，是项目投资决策评价指标中最重要的指标之一。净现值法考虑了资金的时间价值和整个项目寿命周期的现金流量，能反映投资项目在其计算期内的净收益。从理论说，它比其他方法更完善，被誉为"理财的第一原则"，具有广泛的适用性。净现值法的缺点在于不能直接反映项目实际收益率水平；且当投资额不等时，无法用NPV确定独立方案的优劣。

按照这种方法，所有未来现金流入和流出都要按照预定的贴现率折算为现值，然后再计算它们的差额。如净现值为正数，即贴现后现金流入大于贴现后现金流出，该投资项目的报酬率大于预定的贴现率；如净现值为零，即贴现后现金流入等于贴现后现金流出，该投资项目的报酬率等于预定的贴现率；如净现值为负数，即贴现后现金流入小于贴现后现金流出，该投资项目的报酬率小于预定的贴现率。因此，只有当净现值大于等于0，投资方案才具有财务可行性。

2. 获利指数法

获利指数法是根据的获利指数来评价方案优劣的一种方法。获利指数（记作PI），又称现值指数，是指未来现金流入量的现值与现金流出量的现值的比率，或者说是投产后各年净现金流量的现值之和除以原始投资的现值。

获利指数是一个贴现的相对量正指标。它从动态的角度反映了投资项目的资金投入与总产出之间的关系，可以进行独立投资机会获利能力的比较。但它与净现值一样，无法直接反映投资项目的投资收益率。

获利指数可以看成是1元原始投资可望获得的现值净收益。它是一个相对数指标，反映的是投资的效率；而净现值指标是绝对数指标，反映的是投资的效益。只有当投资方案的获利指数大于或等于1，说明其收益超过或等于成本，即投资报酬率超过或等于预定的贴现率，方案才具有财务可行性。

3. 内含报酬率法

（1）内含报酬率法的含义

内含报酬率法是根据方案本身的内含报酬率来评价方案优劣的一种方法。内含报酬率（记作IRR），又称内部收益率，或内部报酬率，是指能够使未来现金流入量的现值等于未来现金流出量的现值的贴现率，或者说是使投资方案净现值为零的贴现率。

净现值和获利指数虽然考虑了资金的时间价值，可以说明投资方案高于或低于某一特定的投资报酬率，但没有揭示方案本身可以达到的实际报酬率水平。

内含报酬率是投资项目本身"固有"的最高可以实现的投资收益率。"固有"是指内含报酬率是投资项目的内生变量，本身不受资本市场利率的影响，而取决于投资项目本身所产生的现金流量，只要确定了预期现金流量，包括各期现金流量规模和持续时间，也就确定了内含报酬率。"最高"是指，内含报酬率反映投资项目所能达到的真实收益率，为投资者提供了一个选择期望要求报酬率的上限，即投资者的要求报酬率不能超过投资项目的内含报酬率，否则将无法偿还资本成本。

内含报酬率的计算，通常要采用"逐次测试插值法"。首先，估计一个贴现率，用它来计算投资方案的净现值：如果净现值为正数，说明方案本身的报酬率超过估计的贴现率，应提高贴现率后进一步测试；如果净现值为负数，说明方案本身的报酬率低于估计的贴现率，应降低贴现率后进一步测试。经过多次测试，寻找到净现值接近于零的贴现率，即为方案本身的内含报酬率。需要指出的是：插值时，净现值一正一负对应的两个贴现率之差应小于或等于5%，否则可能会致误差太大。

如果投资项目的原始投资于建设起点一次投入，建设期为零，生产经营期每年的净现金流量相等，不需要进行逐步测试，可以直接利用年金现值系数计算内含报酬率，即通常所称的简算法。

与按插入函数法计算净现值不同，由于内含报酬率指标计算上的特殊性，无法将按插入函数法求得的内含报酬率调整为项目真实的内含报酬率。如果建设起点不发生投资，则插入函数法求得的内含报酬率就是项目真实的内含报酬率。

（2）内含报酬率指标的特点

内含报酬率是一个折现的相对量正指标。它从动态的角度直接反映了投资项目实际收益水平，计算不受设定贴现率的影响。其缺点主要是计算过程比较麻烦，而借助计算机用插入函数法又无法求得真实的内含报酬率。

只有当内含报酬率大于或等于资本成本或投资人要求的收益率，方案才具有财务可行性。

（3）内含报酬率与净现值关系

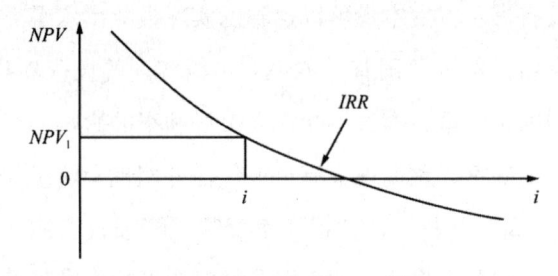

内含报酬率与净现值的计算原理实际上是一致的，所不同的是净现值是用给定的贴现率对项目现金流量进行贴现，而内含报酬率是给定净现值为零的情况下求出贴现率。如果投资项目产生正常现金流量，即只是在初始阶段发生现金净流出，其后始终是现金净流入，即现金流量的符号是按照-，+，+，+，+……的模式排列（前面的"-"可以多个，但不能在出现"+"以后再次出现"-"），则净现值与内含报酬率之间的关系如图2-1所示①。

图 2-1　NPV 函数曲线图

由图 2-1 可知，同一现金流量的净现值随着贴现率的增大逐渐减小，因此，净现值是贴现率的减函数。净现值函数曲线在 NPV=0 时，与代表贴现率的横轴相交的贴现率就是内部收益率。当资本成本小于内含报酬率（资本成本位于内含报酬率的左侧），贴现后项目的净现值大于零，而同时也满足项目的内含报酬率大于资本成本。同样，当资本成本大于内含报酬率（资本成本位于内含报酬率的右侧），贴现后项目的净现值小于零，而同时这也不满足项目的内含报酬率大于资本成本。所以，净现值与内含报酬率的两个决策指标的结论是一致的。

但是，如果投资项目产生的现金流量在整个项目计算期内多次改变符号，即出现正负相间的状况，就有可能出现如图 2-2 的多重内含报酬率的现象②。

---

① 杨忠智：《财务管理》，厦门大学出版社 2015 年版，第 222 页。
② 杨忠智：《财务管理》，厦门大学出版社 2015 年版，第 223 页。

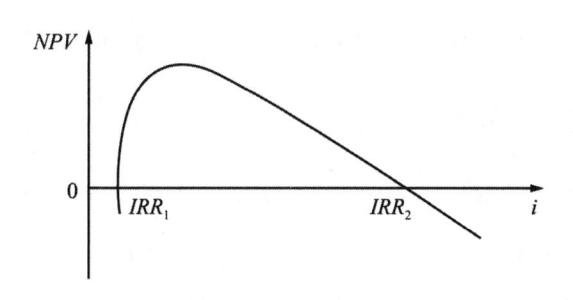

图 2-2　NPV 函数曲线图——多重 IRR

当 $i < IRR_1$ 时，两个内含报酬率均大于资本成本，根据内含报酬率的决策规则，应接受该项目。但如果计算此时的净现值，发现项目的净现值为负，应予拒绝。在这种情况下，净现值与内含报酬率指标的结论是矛盾的，且内含报酬率的结论是错误的。导致这种情况出现的原因是项目计算期内现金流量两次改变符号，净现值与贴现率之间不再是单调函数，内含报酬率出现多个解。只有当贴现率 $IRR_1 < i < IRR_2$ 时，净现值才为正。

第二节　证券的投资管理

一、证券投资概述

企业除了直接将资金投入生产经营活动进行直接投资外，通常还将资金投放于有价证券进行证券投资。证券投资相对于项目投资而言，变现能力强，少量资金也能参与投资，便于随时调用和转移资金，这为企业有效利用资金、充分挖掘资金的潜力提供了十分理想的途径。因此，证券投资已成为企业投资的重要组成部分。

（一）证券投资的基本特点

证券是指具有一定票面金额，代表财产所有权和债权，可有偿转让的凭证，如股票、债券等。证券具有流动性、收益性和风险性三个特点。

第一，流动性。流动性又称变现性，是指证券可以随时抛售取得现金。

第二，收益性。收益性是指证券持有者凭借证券可以获得相应的报酬。证券收益一般由当前收益和资本利得构成。以股息、红利或利息所表示的收益称为当前收益。由证券价格上升（或下降）而产生的收益（或亏损）称为资本利得或差价收益。

第三，风险性。风险性是指证券投资者达不到预期的收益或遭受各种损失的可能性。证券投资既有可能获得收益，更有可能带来损失，具有很强的不确定性。

流动性与收益性往往成反比，而风险性则一般与收益性成正比。

（二）证券投资的主要目的

证券投资是指企业为获取投资收益或特定经营目的而买卖有价证券的一种投资行为。不同企业进行证券投资的目的各有不同，但总的来说有以下五个方面。

第一，充分利用闲置资金，获取投资收益。企业正常经营过程中有时会有一些暂时多余的资金闲置，为了充分、有效地利用这些资金，可购入一些有价证券，在价位较高时抛售，以获取较高的投资收益。

第二，为了控制相关企业，增强企业竞争能力。企业有时从经营战略上考虑需要控制某些相关企业，可通过购买该企业大量股票，从而取得对被投资企业的控制权，以增强企业的竞争能力。

第三，为了积累发展基金或偿债基金，满足未来的财务需求。企业如欲在将来扩建厂房或归还到期债务，可按期拨出一定数额的资金投入一些风险较小的证券，以便到时售出，满足所需的整笔资金的需求。

第四，满足季节性经营对现金的需求。季节性经营的公司在某些月份资金有余，而有些月份则会出现短缺。可在资金剩余时，购入有价证券；短缺时，则售出。

第五，获得对相关企业的控制权。如果某些企业从战略上考虑要控制另外一些企业，可通过股票投资实现。例如，一家汽车制造企业欲控制一家钢铁公司以便获得稳定的材料供应，这时便可动用一定资金来购买这家钢铁企业的股票，直到其所拥有的股权能控制这家钢铁企业为止。

（三）证券与证券投资的不同种类

要了解证券投资的种类，首先要了解证券的种类。

1. 证券的种类划分

按证券体现的权益关系，可分为所有权证券、信托投资证券和债权证券。所有权证券是一种既不定期支付利息，也无固定偿还期的证券，它代表着投资者在被投资企业所占权益的份额，在被投资企业赢利且宣布发放股利的情况下，才可能分享被投资企业的部分净收益，股票是典型的所有权证券；信托投资证券是由公众投资者共同筹集、委托专门的证券投资机构投资于各种证券，以获取收益的股份或收益凭证，如投资基金；债权证券是一种必须定期支付利息，并要按期偿还本金的有价证券，各种债券如国库券、企业债券、金融债券都是债权性证券。所有权证券的投资风险要大于债权性证券；投资基金的风险低于股票投资而高于债券投资。

按证券收益状况，可分为固定收益证券和变动收益证券。固定收益证券是指在证券票面上规定有固定收益率，投资者可定期获得稳定收益的证券，如优先股股票、债券等；变动收益证券是指证券票面无固定收益率，其收益情况随企业经营状况而变动的证券。变动收益证券风险大，投资报酬也相对较高；固定收益证券风险低，投资报酬也相对较低。

按证券发行主体，可分为政府证券、金融证券和公司证券三种。政府证券是指中央或地方政府为筹集资金而发行的证券，如国库券等；金融证券是指银行或其他金融机构为筹集资金而发行的证券；公司证券又称企业证券，是工商企业发行的证券。

按证券到期日的长短，可分为短期证券和长期证券。短期证券是指1年内到期的有价证券，如银行承兑汇票、商业本票、短期融资券等；长期证券是指到期日在1年以上的有价证券，如股票、债券等。

2. 证券投资的不同类型

（1）债券投资。债券投资是指企业将资金投入各种债券，如国债、公司债和短期融资券等。相对于股票投资，债券投资一般风险较小，能获得稳定收益，但要注意投资对象的信用等级。

（2）股票投资。股票投资是指企业购买其他企业发行的股票作为投资，如普通股、优先股股票。股票投资风险较大，收益也相对较高。

（3）组合投资。组合投资是指企业将资金同时投放于债券、股票等多种证券。这样可分散证券投资风险，组合投资是企业证券投资的常用投资方式。

二、证券投资收益水平的评价

企业要进行证券投资，首先必须进行证券投资的收益评价，评价证券收益水平主要有两个指标，即证券的价值和收益率。企业是否应该进行证券投资，应投资于何种证券，只有在对证券投资的风险和收益率进行分析后才能做出决策。因此，研究风险和收益率的关系是证券投资决策中非常重要的问题之一。

（一）证券投资风险来源

进行证券投资，必然要承担一定风险，这是证券投资的基本特征之一。证券投资风险主要来源于以下五个方面。

一是违约风险。证券发行人无法按期支付利息或偿还本金的风险，称为违约风险。一般而言，政府发行的证券违约风险小，金融机构发行的证券违约风险次之，而工商企业发行的证券违约风险就较大。造成违约的原因有以下五个方面：①政治、经济形势发生重大变化；②发生自然灾害，如水灾、火灾等；③企业经营管理不善，成本高，浪费大；④企业在市场竞争中失败，主要顾客群流失；⑤企业财务管理失误，不能及时清偿到期债务。

二是利息率风险。由于利息率的变动而引起证券价格波动，致使投资人遭受损失的风险，称为利息率风险。证券的价格将随利息率的变动而变动。一般而言，银行利率下降，则证券价格上升；银行利率上升，则证券价格下跌。不同期限的证券，利息率风险不一样，期限越长，风险越大。

三是购买力风险。由于通货膨胀而使证券到期或出售时所获得的货币资金的购买力下降的风险，称为购买力风险。在通货膨胀时期，购买力风险对投资者有重要影响。一般而言，随着通货膨胀的发生，变动收益证券比固定收益证券要好。因此，普通股票被认为比公司债券和其他有固定收入的证券能更好地避免购买力风险。

四是流动性风险。在投资人想出售有价证券获取现金时，证券不能立即出售的风险，称为流动性风险。一种能在短期内按市价大量出售的资产，是流动性较高的资产，这种资产的流动性风险较小；反之，如果一种资产不能在短时间内按市价大量出售，则属于流动性较低的资产，这种资产的流动性风险较大。例如，购买小公司的债券，想立即出售比较困难，因而流动性风险较大，但若购买国库券，几乎可以立即出售，则其流动性风险较小。

五是期限性风险。由于证券期限长而给投资人带来的风险，称为期限性风险。一项投资到期日越长，投资人面临的不确定因素就越多，承担的风险也越大。例如，同一家企业发行的10年期债券就比1年期债券的风险大，这便是证券的期限性风险。

（二）债券的收益率

1. 债券收益的来源及决定因素

投资债券的目的是到期收回本金的同时得到固定的利息。债券的投资收益包含两方面。一是债券的年利息收入，这是债券发行时就决定的。一般情况下，债券利息收入不会改变，投资者在购买债券前就可得知。二是资本利得，是指债券买入价与卖出价或偿还额之间的差额。当债券卖出价大于买入价时，为资本收益；当卖出价小于买入价时，为资本损失。由于债券买卖价格受市场利率和供求关系等因素的影响，资本利得很难在投资前准确预测。

衡量债券收益水平的尺度为债券收益率，即在一定时期内所得收益与投入本金的比率。为便于比较，债券收益一般以年率为计算单位。

决定债券收益率的主要因素有债券的票面利率、期限、面值、持有时间、购买价格及出售价格。这些因素中只要有一个因素发生了变化，债券收益率也会随之发生变化。另外，债券的可赎回条款、税收待遇、流动性及违约风险等属性，也会不同程度地影响债券的收益率。

2. 债券的收益率计算

（1）短期债券收益率的计算

短期债券由于期限较短，一般不用考虑货币时间价值因素，只须考虑债券价差及利息，将其与投资额相比，即可求出短期债券收益率。其基本计算公式为：

$$K = \frac{S_1 - S_0 + I}{S_0}$$

式中：S_0 为债券购买价格；S_1 为债券出售价格；I 为债券利息；K 为债券投资收益率。

（2）长期债券收益率的计算

对于长期债券，由于涉及时间较长，需要考虑货币时间价值，其投资收益率一般是指购进债券后一直持有至到期日可获得的收益率。它是使债券利息的年金现值和债券到期收回本金的复利现值之和等于债券购买价格时的贴现率。

一般债券的价值模型为：

$$V = I \times (P/A, K, n) + F \times (P/F, K, n)$$

式中：V 为债券的购买价格；I 为每年获得的固定利息；F 为债券到期收回的本金或中途出售收回的资金；K 为债券的投资收益率；n 为投资期限。

由于无法直接计算收益率，必须采用逐步测试法及内插法来计算，即先设定一个贴现率代入上式，如计算出的 V 正好等于债券买价，该贴现率即为收益率；如计算出的 V 与债券买价不等，则须继续测试，再用内插法求出收益率。

债券的收益率是进行债券投资时选购债券的重要标准。它可反映债券投资按复利计算的实际收益率。如果债券的收益率高于投资人要求的必要报酬率，则可购进债券；否则，就应放弃此项投资。

3. 债券投资的优点和缺点

（1）债券投资的优点有以下三点。①投资收益稳定。进行债券投资一般可按时获得固定的利息收入，收益稳定。②投资风险较低。相对于股票投资而言，债券投资风险较低。政府债券有国家财力做后盾，通常被视为无风险证券。而企业破产时，企业债券的持有人对企业的剩余财产有优先求偿权，因而风险较低。③流动性强。大企业及政府债券很容易在金融市场上迅速出售，流动性较强。

（2）债券投资的缺点有两方面。①无经营管理权。债券投资者只能定期取得利息，无权影响或控制被投资企业。②购买力风险较大。由于债券面值和利率是固定的，如投资期间通货膨胀率较高，债券面值和利息的实际购买力就会降低。

（三）股票投资的收益评价

股票的价值又称股票的内在价值，是指进行股票投资所获得的现金流入的现值。股票带给投资者的现金流入包括两部分：股利收入和股票出售时的资本利得。因此，股票的内在价值由一系列的股利和将来出售股票时售价的现值所构成。通常当股票的市场价格低于股票内在价值才适宜投资。

1. 股票投资的收益率计算

（1）短期股票收益率的计算

如果企业购买的股票在一年内出售，其投资收益主要包括股票投资价差及股利两部分，无须考虑货币时间价值，其收益率计算公式为：

$$K = \frac{(S_1 - S_0 + D)}{S_0} \times 100\%$$

$$= \frac{S_1 - S_0}{S_0} + \frac{D}{S_0}$$

$$= 预期资本利得收益率 + 股利收益率$$

式中：K 为短期股票收益率；S_1 为股票出售价格；S_0 为股票购买价格；D 为股利。

（2）股票长期持有，股利固定增长的收益率的计算

由固定增长股利价值模型，已知

$$V = \frac{D_0 \times (1 + g)}{K - g}$$

将公式移项整理，求 K，可得到股利固定增长收益率的计算模型为：

$$K = \frac{D_1}{V} + g$$

（3）一般情况下股票投资收益率的计算

一般情况下，企业进行股票投资可取得股利，股票出售时也可收回一定资金。只是股利不同于债券利息，股利是经常变动的。股票投资的收益率是使各期股利及股票售价的复利现值等于股票买价时的贴现率，即：

$$V = \sum_{t=1}^{n} \frac{D_t}{(1 + K)^t} + \frac{F}{(1 + K)^n}$$

式中：V 为股票的买价；D_t 为第 t 期的股利；K 为投资收益率；F 为股票出售价格；n 为持有股票的期数。

2. 股票投资的优点和缺点

(1) 股票投资的优点有三个。①投资收益高。股票投资风险大，收益也高，只要选择得当，就能取得优厚的投资收益。②购买力风险低。与固定收益的债券相比，普通股能有效地降低购买力风险。因为通货膨胀率较高时，物价普遍上涨，股份公司盈利增加，股利也会随之增加。③拥有经营控制权。普通股股票的投资者是被投资企业的股东，拥有一定的经营控制权。

(2) 股票投资的缺点有三个。①收入不稳定。普通股股利的有无、多少须视被投资企业经营状况而定，很不稳定。②价格不稳定。股票价格受众多因素影响，极不稳定。③求偿权居后。企业破产时，普通股投资者对被投资企业的资产求偿权居于最后，其投资有可能得不到全额补偿。

三、证券投资风险与投资组合

(一) 证券投资风险类型

风险性是证券投资的基本特征之一。在证券投资活动中，投资者买卖证券是希望获取预期的收益。在投资者持有证券期间，各种因素的影响可能使预期收益减少甚至使本金遭受损失；持有期间越长，各种因素产生影响的可能性越大。与证券投资活动相关的所有风险称总风险。总风险按是否可通过投资组合加以回避及消除，可分为系统性风险和非系统性风险。

1. 系统性风险

系统性风险是指由于政治、经济及社会环境的变动而影响证券市场上所有证券的风险。这类风险的共同特点是：其影响不是作用于某一种证券，而是对整个证券市场发生作用，导致证券市场上所有证券出现风险。由于系统性风险对所有证券的投资总是存在的，并且无法通过投资多样化的方法加以分散、回避与消除，故称不可分散风险。它包括市场风险、利率风险、购买力风险以及自然因素导致的社会风险等。

(1) 市场风险

市场风险是指由有价证券的"空头"和"多头"等市场因素所引起的证券投资收益变动的可能性。

空头市场即熊市，是证券市场价格指数从某个较高点（波峰）下降开始，一直呈下降趋势至某一较低点（波谷）结束。多头市场即牛市，是证券市场价格指数从某一个较低点开始上升，一直呈上升趋势至某个较高点并开始下降时结束。从这一点开始，证券市场又进入空头市场。多头市场和空头市场的这种交替，导致市场证券投资收益发生变动，进而引起市场风险。多头市场的上升和空头市场的下跌都是就市场的总趋势而言，显然，市场风险是无法回避的。

（2）利率风险

利率风险是指由于市场利率变动引起证券投资收益变动的可能性。

因为市场利率与证券价格具有负相关性，即当利率下降时，证券价格上升；当利率上升时，证券价格下降。由于市场利率变动引起证券价格变动，进而引起证券投资收益变动，这就是利率风险。市场利率的波动是基于市场资金供求状况与基准利率水平的波动。不同经济发展阶段市场资金供求状况不同，中央银行根据宏观金融调控的要求调节基准利率水平，当中央银行调整利率时，各种金融资产的利率和价格必然做出灵敏的市场反应。因此，利率风险是无法回避的。

（3）购买力风险

购买力风险又称通货膨胀风险，是指由于通货膨胀所引起的投资者实际收益水平下降的风险。

由于通货膨胀必然引起企业制造成本、管理成本、融资成本的提高，当企业无法通过涨价或内部消化加以弥补时，就会导致企业经营状况与财务状况的恶化，投资者因此会丧失对股票投资的信心，股市价格随之跌落。一旦投资者对通货膨胀的未来态势产生持久的不良预期时，股价暴跌风潮也就无法制止。世界证券市场发展的历史经验表明，恶性通货膨胀是引发证券市场混乱的祸根。

此外，通货膨胀还会引起投资者本金与收益的贬值，使投资者货币收入增加却并不一定真的获利。通货膨胀是一种常见的经济现象，它的存在必然使投资者承担购买力风险，而且这种风险不会因为投资者退出证券市场就可以避免。

2. 非系统性风险

非系统性风险是指由于市场、行业以及企业本身等因素影响个别企业证券的风险。它是由单一因素造成的只影响某一证券收益的风险，属个别风险，能够通过投资多样化来抵消，又称可分散风险或公司特别风险。它包括行业风险、企业经营风险、企业违约风险等。

（1）行业风险。行业风险是指由证券发行企业所处的行业特征所引起的该证券投资收益变动的可能性。有些行业本身包含较多的不确定因素，如高新技术行业，而有些行业则包含较少的不确定因素，如电力、煤气等公用事业。

（2）经营风险。经营风险是指由于经营不善竞争失败，企业业绩下降而使投资者无法获取预期收益或者亏损的可能性。

（3）违约风险。违约风险是指企业不能按照证券发行契约或发行承诺支付投资者债息、股息、红利及偿还债券本金而使投资者遭受损失的风险。

（二）单一证券投资风险的衡量方法

衡量单一证券的投资风险对于证券投资者具有极为重要的意义。它是投资者选择合适投资对象的基本出发点。投资者在选择投资对象时，如果各种证券具有相同的期望收益率，显然会倾向于风险低的证券。

单一证券投资风险的衡量一般包括算术平均法和概率测定法两种。

1. 算术平均法

算术平均法是最早产生的单一证券投资风险的测定方法。其计算公式为：

$$平均价差率 = \frac{\sum_{i=1}^{n} 各期价差率}{n}$$

式中：各期价差率=（该时期最高价−最低价）÷（该时期最高价+最低价）÷2；n 为计算时期数。

如果将风险理解为证券价格可能的波动，平均价差率则是一个衡量证券投资风险的较好指标。证券投资决策可根据平均价差率的大小来判断该证券的风险大小。平均价差率大的，其证券风险也大；平均价差率小的，其证券风险则较小。

利用算术平均法对证券投资风险的测定，其优点是简单明了，但其测定范围有限，着重于过去的证券价格波动，风险所包含的内容过于狭窄，因此，不能准确地反映该证券投资未来风险的可能趋势。

2. 概率测定法

概率测定法是衡量单一证券投资风险的主要方法，它依据概率分析原理，计算各种可能收益的标准差与标准离差率，以反映相应证券投资的风险程度。

（1）标准差。

判断实际可能的收益率与期望收益率的偏离程度，一般可采用标准差指标。其计算公式为：

$$\sigma = \sqrt{\sum_{i=1}^{n}(K_i - \overline{K})^2 P_i}$$

式中：$\overline{K}$ 为期望收益率（$\sum_{i=1}^{n}(K_i P_i)$）；K_i 为第 i 种可能结果的收益率；P_i 为第 i 种可能结果的概率；n 为可能结果的个数；σ 为标准差。

一般来说，标准差越大，说明实际可能的结果与期望收益率偏离越大，实际收益率不稳定，因而该证券投资的风险大；标准差越小，说明实际可能的结果与期望收益率偏离越小，实际收益率比较稳定，因而该证券投资的风险较小。但标准差只能用来比较期望收益率相同的证券投资风险程度，而不能用来比较期望收益率不同的证券投资的风险程度。

（2）标准离差率。

标准离差率又称标准差系数，可用来比较不同期望收益率的证券投资风险程度。其计算公式为：

$$q = \sigma \div \overline{K} \times 100\%$$

标准差系数是通过标准差与期望收益率的对比，以消除期望收益率水平高低的影响，可比较不同收益率水平的证券投资风险程度的大小。一般来说，标准差系数越小，说明该证券投资风险程度相对较低；否则，反之。

（三）证券投资组合

前已述及，证券投资充满了各种各样的风险，为了规避风险，可采用证券投资组合的方式，即投资者在进行证券投资时，不是将所有的资金都投向单一的某种证券，而是有选择地投向多种证券，这种做法称为证券的投资组合或者投资的多样化。

1. 证券投资组合的策略和方法

（1）证券投资组合的策略。

冒险型策略：这种策略认为，只要投资组合科学而有效，就能取得远远高于平均收益水平的收益，这种组合主要选择高风险、高收益的成长性股票，对于低风险、低收益的股票不屑一顾。

保守型策略：这种策略是指购买尽可能多的证券，以便分散掉全部可分散风险，得到市场的平均收益。这种投资组合的优点如下：①能分散掉全部可分散风险；②不需要高深的证券投资专业知识；③证券投资管理费较低。这种策略收益不高，风险也不大，故称保守型策略。

适中型策略：这种策略介于保守型与冒险型策略之间，采用这种策略的投资者一般都善于对证券进行分析。通过分析，选择高质量的股票或债券组成投资组合。他们认为，股票价格是由企业经营业绩决定的，市场上价格一时的沉浮并不重要。这种投资策略风险不太大，收益却比较高，但进行这种组合的人必须具备丰富的投资经验及进行证券投资的各种专业知识。

（2）证券投资组合的方法。

第一，选择足够数量的证券进行组合。当证券数量增加时，可分散风险会逐步减少，当数量足够时，大部分可分散风险都能分散掉。

第二，把不同风险程度的证券组合在一起。即三分之一资金投资于风险大的证券，三分之一资金投资于风险中等的证券，三分之一资金投资于风险小的证券。这种组合法虽不会获得太高的收益，但也不会承担太大的风险。

第三，把与投资收益成负相关的证券放在一起组合。负相关股票是指一种股票的收益上升而另一种股票的收益下降的两种股票，把与收益成负相关的股票组合在一起，能有效分散风险。

2. 证券组合投资的期望收益率

证券组合投资的期望收益率为：

$$\overline{K_p} = \sum_{i=1}^{n} K_i W_i P_i = \sum_{i=1}^{n} \overline{K_i} W_i$$

式中：$\overline{K_p}$ 为证券组合投资的期望收益率；$\overline{K_i}$ 为第 i 种证券的期望收益率；W_i 为第 i 种证券价值占证券组合投资总价值的比重；n 为证券组合中的证券数。

3. 证券组合投资的风险

证券组合投资的期望收益率可由各个证券期望收益率的加权平均而得，但证券组合投资的风险并不是各个证券标准差的加权平均数，即：

$$\sigma_p \neq \sum_{i=1}^{n} \sigma_i W_i$$

证券投资组合理论研究表明，理想的证券组合投资的风险一般要小于单独投资某一证券的风险，通过证券投资组合可规避各证券本身的非系统性风险。

4. 系统性风险的衡量

前已述及，系统性风险是由于政治、经济及社会环境的变动影响整个证券市场上所有证券价格变动的风险。它使证券市场平均收益水平发生变化。但是，每一种具体证券受系统性风险的影响程度并不相同。β 值就是用来测定一种证券的收益随整个证券市场平均收益水平变化程度的指标。它反映了一种证券收益相对于整个市场平均收益水平的变动性或波动性。如果某种股票的 β 系数为 1，说明这种股票的风险情况与整个证券市场的风险情况一致，即若市场行情上涨 10%，该股票也会上涨 10%；若市场行情下跌 10%，该股票也会下跌 10%。如果某种股票的 β 系数大于 1，说明其风险大于整个市场的风险。如果某种股票的 β 系数小于 1，说明其风险小于整个市场的风险。

单一证券的 β 值通常会由一些投资服务机构定期计算并公布，证券投资组合的 β 值则可由证券组合投资中各组成证券 β 值加权计算而得。其计算公式为：

$$\beta_p = \sum_{i=1}^{n} W_i \beta_i$$

式中：β_p 为证券组合的 β 系数；W_i 为证券组合中第 i 种股票所占的比重；β_i 成为第 i 种股票的 β 系数；n 为证券组合中股票的数量。

5. 证券投资组合的风险与收益

投资者进行证券投资，就要求对承担的风险进行补偿，股票的风险越大，要求的收益率就越高。由于证券投资的非系统性风险可通过投资组合来抵消，投资者要求补偿的风险主要是系统性风险，因此，证券投资组合的风险收益是投资者因承担系统性风险而要求的，超过资金时间价值的那部分额外收益。其计算公式为：

$$R_p = \beta_p (K_m - R_f)$$

式中：R_p 为证券组合的风险收益率；β_p 为证券组合的 β 系数；K_m 为市场收益率，证券市场上所有股票的平均收益率；R_f 为无风险收益率，一般用政府公债的利率来衡量。

第三节　新经济时代企业投资方式的创新

我国在互联网和电子商务的快速发展下，新经济在中国已经开始启航。那么，企业应该在投资方式上有所创新来适应新经济的发展。

新经济时代下的企业投资方式的创新体现在以下方面。

一、产权投资形式、要素和方式要适应新经济的发展

新经济时代，企业的产权投资方式为了适应新经济的发展，应在以下方面有所变化。

（一）组建虚拟企业进行产权投资

在传统的经济环境下，企业一般采取纵向一体化的方式来保证企业与其存货供应商及分销商之间的稳定关系。在市场环境相对稳定的条件下，这种纵向一体化的模式有助于加

强核心企业对原材料供应、产品制造、分销和销售的全过程的控制，使企业在激烈的市场竞争中取得主动地位。但是，进入新经济时代之后，企业的经营环境发生了显著的变化，这种变化突出表现在企业所面对的是一个变化迅速的买方市场，在这一环境下，企业对未来的预测显得越来越难把握，相应地，企业要保持在市场竞争中的主动地位，就必须能够对市场中出现的各种机会具有快速反应的能力，而以往的纵向一体化模式显然难以实现这一要求。

组建虚拟企业成为企业的必然选择，即企业放弃过去那种从设计到制造甚至一直到销售都由自己来实现的经营模式，转而在全球范围内去寻找适当的供应商及分销商，通过与它们之间建立伙伴关系而结成利益共同体，形成一个策略联盟，而当相应的市场机会已经消失的时候，这种伙伴关系的解除不管是从时间上还是从成本上都比纵向一体化要少得多。而国际互联网又为企业在寻找合作伙伴上提供了更加广阔的选择空间。因此，组建虚拟企业代表着网络经济时代企业产权投资的发展方向。

（二）产权投资要素中无形资产的比重上升

这是由新经济自身特有的性质所决定的。如前所述，新经济也是一种知识经济，知识已转化成一种资本，成为生产和再生产过程中不可或缺的要素。在企业的产权投资中，运用知识这种无形资产进行资本运营将越来越普遍，从而使得在整个产权投资的要素总量中，无形资产的比重呈上升趋势。

（三）产权投资多表现为企业间相互持股方式

现代经济是一种以分工为基础的经济模式。在这一模式下，企业与个人均在其相对擅长的领域中高效地开展活动，从而取得较好的成果。在网络环境下，这种模式将由于企业相互之间的联系与沟通的便捷而获得进一步的发展。企业进一步虚拟化。针对某一特定企业来说，在寻求到其核心能力之后，就应当围绕其核心能力去开展相应的活动，至于其余问题则应该交由其他企业去解决。在这种思路下，企业的分工协作关系被进一步赋予新的内涵。企业之间的战略联盟及战略伙伴关系将被提升到前所未有的高度。企业的产权投资活动即围绕这一中心问题展开。要实现这种战略联盟及战略伙伴关系，书面协议的签订当然是手段之一，而相互之间的持股既是一种传统的模式，也是一种非常自然的选择。因此，在新经济条件下，企业的产权投资更多地选择相互持股的方式。

二、运用网上证券交易方式进行证券投资

（一）证券投资的品种日益丰富

网络经济的发展带来的副产品之一就是整个经济发展中的风险程度提高。基于此，金融市场中必然产生许多防范风险类的金融衍生商品，加之竞争加剧所产生的多种金融创新商品，必然使得金融投资品的种类趋于极大丰富。企业可能采纳的证券投资品种由于有了更大的选择空间而大大丰富起来。投资品种的丰富一方面可以使企业通过多种证券投资组合降低投资风险、提高投资收益率，另一方面也使企业的投资活动趋于复杂化。

（二）证券投资的地理范围逐渐扩大

在世界经济一体化浪潮的大背景下，为企业筹资及投资者服务的证券市场也呈现出国际化的特征。目前，世界各国主要的证券交易所基本上都已经发展成为国际性证券交易所，同时，越来越多的企业选择国外证券市场作为筹集资金的渠道，越来越多的投资者参与国外证券的投资。在新经济环境下，证券市场的国际化步伐将进一步加快。一方面，国际互联网使投资者了解世界各地证券发行企业的财务状况及经营状况更加便利，对世界其他国家的宏观经济政策及其他影响证券市场发展变化因素的了解也更加全面而迅捷；另一方面，互联网的产生与发展使网上证券交易成为可能，这也在极大程度上方便了投资者对其他国家和地区的证券进行投资。

（三）网上证券业务发展优于传统的证券业务模式

网上证券业务的迅速发展主要是因为网上证券业务相对于传统的证券业务模式存在很多的优势。

一是成本优势。在传统证券业务模式下，作为交易中介的证券商在经营证券业务的过程中有许多费用必须发生，如人工成本、场地成本、水电费等费用，这些费用在网上证券业务模式下都将大大下降。当然，在证券商的传统费用项目发生变化的过程中，也有一些新的费用项目将会出现，如互联网相关费用上升。但从费用总量来看是削减的趋势。

二是便利程度高。国际互联网使得证券投资者无论身处何时何地，只要能通过计算机终端联上国际互联网，就可以非常便利地通过互联网获得相关信息，进行证券买卖。

三是证券投资相关资讯服务全面快捷。对于证券投资者来说，进行科学合理的证券投资的前提即是掌握充分的投资决策相关信息。网上证券业务的开展可以使证券投资者通过自主地选择浏览等方式，从网络证券经纪商以及证券资讯类网站上获得即时更新的以及经过深入分析和研究的证券投资相关信息，这些信息的获取可以在极大程度上支持投资者的投资决策。

四是个性化的证券投资咨询与指导。在互联网环境下，网络证券经纪商及其他相关机构可以在其建立的网站中设立证券投资咨询与指导业务，通过这一业务，可以针对特定投资者对待风险的态度、期望的投资回报要求的基础上，结合其资金量，为其量身定制证券投资组合，帮助证券投资者实现增值目标，或者通过网上实时互动的沟通方式，在网上为证券投资者提供投资指导。

网上证券业务的上述优势，对新经济时代的企业证券投资来说，是很有吸引力的。而且随着网上证券经纪商的服务内容的增加和服务质量的提高，及网络安全性程度的提高，网上证券交易方式应该成为许多企业证券投资的重要选择方式之一。

三、利用网络资源，提高实业投资效益

第一，要善于捕捉投资机会。对于传统环境下的企业而言，只有极少数的企业有足够的人力、物力与财力可以建立相应的信息系统来处理来自世界各地的相关信息，并从中发现企业投资机会。即使是对大型企业来说，实现这种信息的搜集与分析，不管是在效率方面还是在效益方面都是难如人意的。新经济时代，国际互联网可以将世界各地的大量信息聚于一台网络终端机之上，使各类企业可进行信息搜集与分析、实现更高的效率与效益，极大地提升了企业捕捉投资机会的能力。

第二，利用网络优势，提高投资项目的管理质量，增加投资数量。新经济时代，世界经济一体化的进程大大加快，企业跨地区、跨国投资活动迅猛发展。由于空间距离的遥远，企业对于投资项目所涉及的诸如货币资金、存货、应收账款以及企业行政管理方面的各种因素的了解都比就近投资更为困难。国际互联网则是一种更为先进的通信技术，这一先进通信技术运用于企业管理之中可以使远程实时监控成为可能，这无疑为缩短监控时滞、提高监控效率提供了技术上的保障。这种技术上的保障，一方面，可以提高企业跨地区和跨国投资项目的管理质量，另一方面，由于在这一先进技术的支持下，企业为管理同一投资项目所需付出的时间和精力都相应减少。因此，它们可以有更多的时间和精力来考虑其他投资项目，这对于增加企业的对外投资量也有着潜在的促进作用。

总之，在新经济时代，企业的投资方式有了很大的变化，企业要根据我国的国情选择最佳投资方式。让我国新经济的发展跟上世界的步伐。

第四节　新经济时代企业投资风险的规避

企业投资一直是一个企业发展过程中经常遇到的经济现象，企业的日常经营和发展都离不开投资。按财务相关理论，投资按所对应的投资对象有：设备和厂房等固定资产投资、研发投资、流动资产投资及和生产相关的其他投资，还有金融性资产方面的投资，比如股票和债券等投资。企业想要很好地持续发展下去，就要有效管理投资风险。

目前新的经济形势下，各种新的经济方式和方法层出不穷。在这种大的环境下，淘汰落后的产能和高污染的行业，去产能、去库存、去杠杆、降成本仍是经济的管控策略。在新的经济环境下，企业可以通过以下方法有效规避投资风险。

一、投资的方向与重点要符合国家的产业政策和方向

在目前新的经济形势下，投资要和供给侧结构性改革的节拍吻合，投资避免投向落后的产能和高污染的行业。投资要和去产能、去库存、去杠杆、降成本的步骤结合，比如，煤炭及冶炼等污染企业是目前国家去产能的方向，那么投资这些行业，就要做系统分析，分析所投资企业是否属于国家关停并转的企业，如果属于，就不要投资这些行业和企业。同时，投资的重点方向要紧跟"一带一路"倡议，投向和"一带一路"密切相关的行业和产业，本企业内部固定资产投资和流动资产投资的重点也要和国家"一带一路"的经济战略相关。内部固定资产投资和流动资产投资和剩、库存积压。

二、进行投资分析与风险预警

不论是内部投资或对外投资，都要进行适当的投资分析和风险预警，投资分析的方法很多，包括净现值法、指数法等现金类的预测，还有内部收益率法及收益预测分析等，对于净现值为负数、内部收益率低于资金成本的项目是要淘汰的。日常在投资管理中，要时常进行预警分析，通过计算相关的利润、现金流、销售指标、资产负载率等指标动态分析投资的风险，进行早期预警。分析时，多使用定量分析，以数字说话。

三、做好投资组合，有效控制系统风险

风险实际上是预期结果具有不确定性，风险分系统风险和企业的特殊风险。对于系统风险，企业是无法采取措施完全消除的，当时可以降低系统风险，分散投资是降低系统风险的方法和方式。企业进行投资时，投资对象不同，投资的风险也不同。投资组合要注意所投资项目的风险的匹配情况，高、中、低风险不同的项目最好进行匹配。投资组合一般用在金融资产的投资方面比较合适，选择的范围较广。

四、积极做好海外投资的风险控制

国外投资的风险相对于国内较大，对于所有"走出去"的企业来说，应该熟悉国际规则，懂得国际惯例，特别应该了解和研究投资经营所在的当地的法律制度，在国外上市和项目投资过程中尤其应该注意事前的法律论证工作，避免经营中出现违规行为。在国外投资，除了法律风险以外，其他风险因素也很多，比如文化背景、人才使用、会计准则等，所以企业要系统研究所在地区的风险因素，做好规划和布局，做好相关投资计划和方案，将投资风险降到最低。

五、不断完善投资管理的内部管理

企业投资管理的复杂性和多样性要求企业必须建立和完善相应的组织机构对风险实施及时有效的管理，只有把企业的投资风险实现组织化运作，才能实现企业财务投资风险管理得到足够的重视和真正的资风险管理部门并配备相应的人员，对投资风险进行预测、分析、监控，以便及时发现及化解风险，建立健全风险控制机制。首先，要完善公司治理结构，提高风险控制能力，实现科学决策、科学管理，形成完整的决策机制、激励机制和制约机制。其次，要建立监督控制机制，特别要加强授权批准、会计监督、预算管理和内部审计。

六、加强企业的预算管理

预算管理是企业管理重要的一环，投资管理要放在大的预算管理过程中去，投资预算是预算体系的一个节点，对于大型企业，投资预算的地位很重要，在一些投资管理公司中，投资预算更加重要。加强投资预算控制，特别对于中小企业来讲，投资往来的资金流是风险控制的关键点，中小企业可以通过编制投资方面的现金预算，合理调度资金，加快

资金周转，加强收支管理，加强财务预算控制未来的发展规模，在现金预算和其他财务预算的监督下，便可避免发生由于盲目发展而陷入资金不足的困境。

综合来看，企业由于自身的特点决定了其投资风险的特点，应对企业的生产经营全过程进行跟踪、监控，及时发现投资风险信号，要善于识别风险、规避风险、控制和化解风险，做好各种预案，提高应对各种突发事件的能力。根据具体情况选择适合的规避投资风险的方法，这样企业才能走上良性发展的轨道，真正地做强做大。

第三章　新经济时代营运资金管理思考

第一节　营运资金的基本知识

一、营运资金的含义及构成

营运资金又称营运资本，是指企业生产经营活动中占用在流动资产上的资金。营运资金有广义和狭义之分。广义的营运资金又称毛营运资金，是指企业生产经营中占用在流动资产上的资金；狭义的营运资金又称净营运资金，是指企业某个时点上流动资产与流动负债的差额。通常所说的营运资金都是指狭义的营运资金，它是判断和分析企业流动资金运作状况和财务风险程度的重要依据。

营运资金用公式表示如下：

$$营运资金 = 流动资产 - 流动负债$$

流动资产是指可以在一年内或超过一年的一个营业周期内变现或运用的资产。流动资产具有占用时间短、周转快、易变现等特点。企业拥有较多的流动资产，可在一定程度上降低财务风险。流动资产在资产负债表上主要包括的项目是：货币资金、短期投资、应收票据、应收账款、预付费用和存货。

流动负债是指需要在一年内或超过一年的一个营业周期内偿还的债务，具有成本低、偿还期短的特点，必须认真进行管理，否则，将使企业承受较大的风险。流动负债包括短期借款、应付票据、应付账款、预收账款、应付工资、应付福利费、应付股利、应交税金、其他暂收应付款项、预提费用和一年内到期的长期借款等。

二、营运资金的主要特点

为了有效地管理企业的营运资金，必须研究营运资金的特点，以便有针对性地进行管理。营运资金具有以下特点。

第一，周期的短期性。由于流动资产和流动负债在一年或超过一年的一个营业周期内完成一次循环，相对于长期资产或长期负债而言，营运资金的周期具有短期性。根据这一特点，营运资金需求可通过商业信用、发行短期债券、短期银行借款解决。

第二，数量的波动性。流动资产或流动负债容易受内外条件的影响，数量的波动往往很大。随着企业内外条件的变化而变化，流动资产如存货、银行存款等会出现时高时低，波动很大。季节性企业如此，非季节性企业也是如此。随着流动资产数量的变动，流动负债的数量也会相应发生变动。因而在企业营运资金管理中，要特别注意企业资金来源的稳定性和资金使用的灵活性，确保资金的供需平衡。

第三，来源的多样性。营运资金的需求既可通过长期筹资方式解决，也可通过短期筹资方式解决。企业筹集营运资金的方式也较为灵活多样，通常有银行短期借款、短期融资券、商业信用、应交税金、应交利润、应付工资、应付费用、预收货款、票据贴现等多种内外部融资方式。

第四，实物形态的变动性和易变现性。企业流动资产的占用形态是经常变化的，一般按照现金、材料、在产品、产成品、应收账款、现金的顺序转化。为此，在进行流动资产管理时，必须在各项流动资产上合理配置资金数额，做到结构合理，以促进资金周转顺利进行。

此外，非现金形态的营运资金如存货、应收账款、短期有价证券等流动资产一般具有较强的变现能力，如果遇到意外情况，企业出现资金周转不灵、现金短缺时，便可迅速变卖这些资产，以获取现金，这一点对企业应付临时性的资金需求有重要意义。

三、营运资金管理的原则

营运资金管理是对企业流动资产及流动负债的管理。一个企业要维持正常的运转就必须拥有适量的营运资金，因此，营运资金管理是企业财务管理的重要组成部分。要搞好营运资金管理，必须解决好流动资产和流动负债两个问题，换句话说，就是下面两个问题：一是企业应该持有多少流动资产，即营运资金持有的管理，主要包括现金管理、应收账款管理和存货管理；二是企业应该怎样来进行流动资产的融资，即营运资金筹措的管理，包括银行短期借款的管理和商业信用的管理。

可见，营运资金管理的核心内容就是对资金运用和资金筹措的管理。加强营运资金管理就是加强对流动资产和流动负债的管理。企业进行营运资金管理，应遵循以下原则。

第一，保证合理的资金需求。企业应认真分析生产经营状况，合理确定营运资金的需要数量。企业营运资金的需求数量与企业生产经营活动有直接关系。一般情况下，当企业产销两旺时，流动资产会不断增加，流动负债也会相应增加；而当企业产销量不断减少时，流动资产和流动负债也会相应减少。营运资金的管理必须把满足正常合理的资金需求作为首要任务。

第二，提高资金使用效率。加速资金周转是提高资金使用效率的主要手段之一。提高营运资金使用效率的关键就是采取得力措施，缩短营业周期，加速变现过程，加快营运资金周转。因此，企业要千方百计地加速存货、应收账款等流动资产的周转，以便用有限的资金服务于更大的产业规模，为企业取得更好的经济效益提供条件。

第三，节约资金使用成本。在营运资金管理中，必须正确处理保证生产经营需要和节约资金使用成本二者之间的关系。要在保证生产经营需要的前提下，遵守勤俭节约的原则，尽力降低资金使用成本。一方面，要挖掘资金潜力，盘活全部资金，精打细算地使用资金；另一方面，积极拓展融资渠道，合理配置资源，筹措低成本资金，服务于生产经营。

第四，保持足够的短期偿债能力。偿债能力的高低是企业财务风险高低的标志之一。合理安排流动资产与流动负债的比例关系，保持流动资产结构与流动负债结构的适配性，保证企业有足够的短期偿债能力是营运资金管理的重要原则之一。流动资产、流动负债以及二者之间的关系能较好地反映企业的短期偿债能力。流动负债是在短期内需要偿还的债务，而流动资产则是在短期内可以转化为现金的资产。因此，如果一个企业的流动资产比较多，流动负债比较少，说明企业的短期偿债能力较强；反之，则说明短期偿债能力较弱。但如果企业的流动资产太多，流动负债太少，也不是正常现象，这可能是因流动资产闲置或流动负债利用不足所致。

第二节　现金管理、存货管理与应收账款管理

一、现金管理

现金也称货币资金，是指在生产经营过程中以货币形态存在的资金，包括库存现金、银行存款、支票、本票、银行汇票和信用卡等。现金具有流动性强和收益性差的特点。现金是变现能力最强的资产，可以用来满足生产经营开支的各种需要，也是还本付息和履行纳税义务的保证。拥有足够的现金对于降低企业的风险，增强企业资产的流动性和债务的可清偿性具有重要的意义。但现金属于非营利资产，企业持有现金量过多，它所提供的流动性边际效益便会随之下降，从而使企业的收益水平下降。现金管理是在现金的流动性与收益性之间进行权衡选择的过程，保持合理的现金水平是企业现金管理的重要内容。

（一）持有现金的动机

企业持有一定数额的现金，主要是用于满足企业的交易性需求、预防性需求和投机性需求。

1. 交易性动机

企业的交易性动机是企业为了维持日常周转及正常商业活动所需持有现金的动机。企业每日都在发生许多支出和收入，这些支出和收入在数额上的不相等及时间上的不匹配使企业需要持有一定现金来调节，以使生产经营活动能持续进行。

例如，在许多情况下，企业向客户提供的商业信用条件和它从供应商那里获得的信用条件不同，使企业必须持有现金。如供应商提供的信用条件是 30 天付款，而企业迫于竞争压力，则向顾客提供 45 天的信用期，这样，企业必须筹集够 15 天的营运资金来维持企业运转。

另外，企业业务的季节性特征要求企业逐渐增加存货以等待季节性的销售高潮。这时，一般会发生季节性的现金支出，企业现金余额下降，随后又随着销售高潮的到来，存货减少，而现金又逐渐恢复到原来水平。

2. 预防性动机

预防性动机是指企业需要维持充足现金，以应付突发事件。这种突发事件可能是政治环境变化，也可能是企业的某大客户违约导致企业突发性偿付等。尽管财务主管试图利用各种手段来较准确地估算企业需要的现金数，但这些突发事件会使原本很好的财务计划失去效果。因此，企业为了应付突发事件，有必要维持比日常正常运转所需金额更多的现金。

为应付意料不到的现金需要，企业掌握的现金额取决于：①企业愿承担现金风险的程度；②企业预测现金收支可靠的程度；③企业临时融资的能力。希望尽可能减少风险的企业倾向于保留大量的现金余额，以应付其交易性需求和大部分预防性需求。另外，企业会与银行维持良好关系，以备现金短缺之需。

3. 投机性动机

投机性需求是企业为了在证券市场上获得收益或在原材料市场上投机买卖来获得投机收益而持有现金的动机。这种机会大多是一闪即逝的，如证券价格的突然下跌，企业若没有用于投机的现金就会错过这一机会。

除了上述三种基本的现金持有动机以外，还有许多企业是将现金作为补偿性余额来持有的。补偿性余额是企业同意保持的账户余额，它是企业对银行所提供借款或其他服务的一种补偿。

（二）现金成本的构成

现金具有最大的可接受性，作为企业重要的支付手段，它可随时有效地被用来购买商品，支付有关费用和偿还债务。现金是企业流动性最强的资产，是企业流动资产的重要组成部分，也是其他流动资产转化的最终对象。企业因为持有一定数量的现金而发生的费用或者当现金发生短缺时可能承担的代价或损失被称为现金成本，通常由以下四个部分组成。

一是现金的机会成本。现金的机会成本是指企业因持有一定量的现金而丧失的再投资收益，这种成本在数额上等于资金的投资收益。机会成本属于变动成本，它与现金持有量的多少密切相关，即现金持有量越大，机会成本越大，反之就越少。例如：远海公司持有现金50万元，假设再投资收益率为10%，则远海公司的现金机会成本为5万元（50×10%）。

二是现金的管理成本。现金的管理成本是指企业因持有一定数量的现金而发生的管理费用。例如管理者工资、安全措施费用等。一般认为这是一种固定成本，这种固定成本在一定范围内和现金持有量之间没有明显的比例关系。

三是现金的短缺成本。现金的短缺成本是指在现金持有量不足，又无法及时通过有价证券变现加以补充所给企业造成的损失，包括直接损失与间接损失。现金的短缺成本随现金持有量的增加而下降，随现金持有量的减少而上升，即与现金持有量成负相关。

四是现金的转换成本。现金的转换成本是指企业用现金购买有价证券或者将有价证券转换为现金所发生的交易费用，如买卖证券支付的佣金、手续费和进行证券交易支付的税金等。现金的转换成本可以分为两类：一是与转换金额相关的费用，如买卖证券的手续费和证券交易的印花税等，这种费用一般按成交金额的一定比例支付，与转换的次数关系不大，属于变动转换成本；二是与转换金额无关，只与转换次数有关的费用，如过户费等，这种费用按照交易的次数支付，每次交易支付的费用金额是相同的，属于固定转换成本。

（三）现金最佳持有量的确定

企业现金管理的目标是尽可能地降低现金占用，在实践中企业财务管理人员确定本企业的最佳现金余额是非常重要和必要的。现金持有量过多会导致企业的整体盈利水平下降，现金持有量不足则可能影响企业的生产经营。因此，最佳现金持有量的确定，必须基于对收益和风险的权衡。最佳现金持有量是指既能节约资金，减少资金占用成本，又能满足生产经营需要，保持企业正常支付能力的货币资金占用量。确定最佳现金持有量的方法主要有现金周转模式、成本分析模式和存货模式等。

1. 现金周转模式

现金周转模式是根据企业现金需求总额、现金周转期及现金平均占用额来确定最佳现金持有量的一种方法。

现金周转期是指从现金投入生产经营开始，到最终转化为现金的过程。现金周转期的计算公式是：

$$现金周转期 = 应收账款周转期 + 存货周转期 - 应付账款周转期$$

应收账款周转期是指从应收账款发生到收回所需要的时间。存货周转期是指从生产投入材料开始到产成品出售所需要的时间。应付账款周转期是指从收到尚未付款的材料开始到偿还货款所需要的时间。现金周转期就是现金周转一次所需要的天数。根据现金周转期可以计算出现金周转率，即现金在一年中周转的次数。

$$现金周转率 = 360 天 \div 现金周转期$$

现金周转期确定后，便可确定企业最佳现金持有量，其计算公式是：

$$最佳现金持有量 = 企业年现金需求总额 \div 360 \times 现金周转期$$

2. 成本分析模式

成本分析模式是在综合考虑持有现金机会成本、短缺成本的情况下，通过分析，找到总成本最低时现金持有量的一种方法。它的特点是只考虑持有一定量的现金而产生的初会成本和短缺成本，而不考虑管理成本和转换成本。通常持有现金的机会成本与现金持有量成正比，短缺成本与现金持有量成反比。

$$最佳现金持有量 = \min（机会成本 + 短缺成本）$$

实际工作中，运用该模式确定最佳现金持有量的步骤是：

第一，根据不同现金持有量，测算和确定有关成本数值；

第二，根据上一步骤结果，编制最佳现金持有量的测算表；

第三，从测算表中找出总成本最低时的现金持有量，即最佳现金持有量。

3. 存货模式

存货模式是把现金看作存货来进行管理，根据存货的经济批量模型来确定最佳现金持有量的方法。该模型是分析现金管理问题的传统方法，在此方法下，企业对其现金余额的管理是建立在持有现金（而非有价证券）的成本和把有价证券转换为现金的成本的基础上。最佳的政策是使这些成本之和最小。

利用存货模式确定最佳现金持有量，必须假定以下基本前提：一是企业未来现金需求量能够准确预测；二是企业现金流出量在整个期间内平均分布；三是利率（持有现金的机会成本）是固定的；四是企业每次把有价证券转化为现金时支付固定的交易成本。

在具备了上述四个假设条件的情况下，现金管理相关总成本的计算公式如下：

现金管理相关总成本＝现金机会成本＋现金转换成本＝平均现金存量×短期有价证券利率＋交易次数×每次转换固定成本

即：

$$TC = (Q/2) \times K + (T/Q) \times F$$

式中：Q 为每次出售有价证券所能获得的现金量；K 为短期有价证券利率；T 为净现金需求，指为满足一定时期（通常为 1 年）生产经营需要，企业所需新筹集的现金总额；F 为每次转换的固定成本。

要使现金管理相关总成本最低，对上式中的 Q 求一阶导数，并令其等于零。则：

$$Q^* = \sqrt{\frac{2TF}{K}}$$

式中：Q^* 即为最佳现金持有量。

企业运用上述各种方法得到的企业最佳现金持有量只是理论上的近似，在实际工作中还要考虑到企业经营波动性余额和预防性余额的需要，并考虑贷款银行要求的补偿但存款余额的需要等。企业应该根据生产经营实际情况，对理论计算出来的企业最佳现金持有量进行经验校正，实现企业的现金管理目标。

（四）现金的日常管理

在现金管理中，企业除了确定最佳现金余额外，还必须进行现金的日常管理。

1. 现金预算管理

现金预算是企业财务预算的一个重要组成部分，其编制一般从销售预测开始，由企业每个职能部门分别编制出相应的分项预算，如销售预算、生产预算、直接原材料费用预算、直接人工费用预算、间接费用预算、销售费用和管理费用预算等，最终由财务管理部门汇总各分项预算，编制出现金预算表。

在编制各分项预算工作中，企业财务管理部门的主要职责是为销售、生产和采购等部门的分项预算建立共同的基本假设，如物价水平、基准贴现率、可供资源的限制条件等，参与协调分项预算工作的各部门人员，使之能够相互衔接与配合，防止各个职能部门和人员因部门利益或个人偏好而高估或低估现金的收支。

现金预算的编制方法主要有现金收支法。现金收支法实际上就是编制各个月份的现金收支计划，并与现金收支的实际情况进行比较，便于企业控制和分析现金预算的执行情况。利用现金收支法编制现金预算的主要步骤有以下三点。

第一，预测企业的现金流入量。企业应根据销售预算和生产经营情况等因素，预测各个月份的现金流入量。现金流入量主要包括经营活动的现金流入量和其他现金流入量。

第二，预测企业的现金流出量。企业应根据生产经营的目标要求，预测为实现既定的经营目标所需要购入的资产、支付的费用等所要发生的现金流出量。现金流出量包括经营活动的现金流出量和其他现金流出量。

第三，确定现金余缺。企业根据预算的现金流入量与现金流出量，计算出净现金流量，之后考虑期初现金余额和本期最佳现金余额的因素下，计算出本期的现金余缺。

根据现金预算，企业财务管理人员既要积极组织现金收入来保证生产经营需要，又要对现金预算上最后反映出来的预算期内的现金余缺进行具体分析，做出合理的财务安排。由于存在着企业无法预见的突发事件，如材料供应价格改变、新产品开发计划失败等，都可能影响企业的现金预算，这时企业可以考虑改变现金预算。

2. 银行存款管理

银行存款管理是指企业应对结算户存款、单位定期存款进行管理，以确保银行存款的安全、完整，同时还应善于灵活运用各种转账结算方式有效地调度资金，以提高资金的使用效果。根据规定，各单位之间的一切经济往来，包括产品销售、劳务供应和资金缴拨等的货币资金结算，除结算金额起点以下的零星支付以外，都必须进行转账结算。此外，为保证责任的履行及防止发生违法乱纪行为，企业必须做好银行存款的定期对账工作，出纳、会计人员调动时的工作交接手续等基础工作。

3. 现金收支管理

企业应认真执行现金预算，加强对现金的日常管理，提高现金的使用效率。一方面，企业要尽可能地缩短现金的收入时间，加速回款；另一方面，在不损害企业信用地位的前提下，尽可能地延缓现金的支出时间，使在一定时期内可供企业支配使用的现金数额达到最大。企业现金收支管理的方法有以下五种。

（1）加速现金收款。为了提高现金的使用效率，加速现金周转，企业应尽量加速账款的收回。企业加速收款的任务不仅要尽量使顾客早付款，而且要尽快使这些付款转化为可用现金。为此，必须满足如下要求：①减少顾客付款的邮寄时间；②减少企业收到顾客开来支票与支票兑现之间的时间；③加速资金存入自己往来银行的过程。

(2) 集中银行业务。企业设立一些收款中心，指定一个主要收款中心的开户银行作为集中银行，企业客户的货款交到距其最近的收款中心，收款中心将每天收到的货款存入当地收款中心的开户银行。收款中心开户银行再将扣除补偿性存款余额后的货币资金解缴到企业指定的集中银行，供企业集中使用。

(3) 使用现金浮游量。现金浮游量是指企业账户上现金余额与银行账户上所示的存款余额之间的差额。现金浮游量是由于企业提高收款效率和延迟付款时间所产生的结果。如果企业本身办理收款的效率高于接受其支票的企业的收款效率，就会产生现金浮游量，使企业账户上的现金余额小于其银行存款账户上所显示的存款余额，有时，企业账簿上的现金余额已为零或负数，而银行账簿上该企业的现金余额还有不少。利用现金浮游量，企业可适当减少现金数量，达到节约现金的目的。

(4) 推迟支付应付款。企业在不影响自身信誉的情况下，应尽可能推迟应付款的支付期，从而最大限度地利用现金。如果有现金折扣，企业应在现金折扣有效期的最后一天支付货款，不提前付款也不拖欠。如果企业急需货币资金，甚至可以放弃现金折扣优惠将付款期延至信用期的最后一天。

(5) 采用汇票付款。汇票分为商业承兑汇票和银行承兑汇票，与支票不同的是，承兑汇票并不是见票即付。这一方式的优点是推迟了企业调入资金支付汇票的实际所需时间。这样企业就只须在银行中保持较少的现金余额。它的缺点是某些供应商可能并不喜欢用汇票付款，银行也不喜欢处理汇票，它们通常需要耗费更多的人力。同支票相比，银行会收取较高的手续费。

(五) 闲置现金的投资管理

企业现金管理的目的首先是保证日常生产经营业务的需要，其次才是使这些现金获得最大的收益。这两个目的要求企业将闲置资金投入到流动性高、风险性低、交易期限短的金融工具中，以期获得较多的收入。如果闲置现金管理得当，可为企业增加相当可观的净收益。

二、存货管理

存货是指企业在生产经营过程中为销售、生产或耗用而储备的物资，包括库存商品、产成品、半成品、在产品、材料、燃料、低值易耗品等。存货管理水平的高低直接影响着企业的生产经营能否顺利进行，并最终影响企业的收益、风险等状况。因此，存货管理是财务管理的一项重要内容。存货管理的目标是尽力在各种存货成本与存货效益之间做出权衡，实现两者的最佳组合。

（一）存货的作用体现

存货的作用是指存货在企业生产经营过程中起到的作用。具体包括以下几个方面。

第一，保证生产正常进行。生产过程中需要的原材料和产品，是生产的物质保证，为保障生产的正常进行，必须储备一定量的原材料，否则可能会造成生产中断、停工待料的现象。

第二，有利于销售。一定数量的存货储备能够增加企业在生产和销售方面的机动性和适应市场变化的能力。当企业市场需求量增加时，若产品储备不足就有可能失去销售良机，所以保持一定量的存货有利于市场销售。

第三，便于维持均衡生产，降低产品成本。有些企业产品属于季节性产品或者需求波动较大的产品，此时若根据需求状况组织生产，则可能有时生产能力得不到充分利用，有时又超负荷生产，这会造成产品成本的上升。

第四，降低存货取得成本。一般情况下，当企业进行采购时，进货总成本与采购物资的单价和采购次数有密切关系。而许多供应商为鼓励客户多购买其产品，往往在客户采购量达到一定数量时，给予价格折扣，所以企业通过大批量集中进货，既可以享受价格折扣，降低购置成本，也因减少订货次数，降低了订货成本，使总的进货成本降低。

第五，防止意外事件的发生。企业在采购、运输、生产和销售过程中，都可能发生意料之外的事故，保持必要的存货保险储备，可以避免和减少意外事件的损失。

（二）存货成本的内容

企业维持正常生产经营活动，必须储备一定数量的存货，但是采购、储存存货可能要发生各种费用支出，这些费用支出就构成了企业存货的成本。通常包括以下几项成本。

1. 取得成本

取得成本指为取得某种存货而支出的成本，通常用 TC_a 来表示。其又分为订货成本和购置成本。

（1）订货成本。订货成本指取得订单的成本，如办公费、差旅费、邮资及运输费等支出。订货成本中有一部分与订货次数无关，如常设采购机构的基本开支等，称为固定的订货成本，用 F_1 表示；另一部分与订货次数有关，如差旅费、邮资等，称为订货的变动成本。每次订货的变动成本用 K 表示；订货次数等于存货年需求量 D 与每次进货量 Q 的比值。订货成本的计算公式为：

$$订货成本 = F_1 + \frac{D}{Q} \times K$$

（2）购置成本。购置成本指为购买存货本身所支出的成本，即存货本身的价值，经常用数量与单价的乘积来确定。年需求量用 D 表示，单价用 U 表示，于是购置成本为 D×U。

订货成本加上购置成本，就等于存货的取得成本。其公式可表达为：

存货的取得成本＝订货成本＋购置成本＝订货固定成本＋订货变动成本＋购置成本

$$TC_a = F_1 + \frac{D}{Q} \times K + D \times U$$

2. 储存成本

储存成本指为保持存货而发生的成本，包括存货占用资金所应计的利息、仓库费用、保险费用、存货破损和变质损失等，通常用 TC_c 来表示。

储存成本分为固定成本和变动成本。固定成本与存货数量的多少无关，如仓库折旧、仓库职工的固定工资等，常用 F_2 表示。变动成本与存货的数量有关，如存货资金的应计利息、存货的破损和变质损失、存货的保险费用等，单位储存变动成本用 K_c 来表示。用公式表达的储存成本为：

储存成本＝储存固定成本＋储存变动成本

$$TC_c = F_2 + K_c \times \frac{Q}{2}$$

3. 缺货成本

缺货成本指由于存货数量不能及时满足生产和销售的需要而给企业造成的损失，包括材料供应中断造成的停工损失、产成品库存缺货造成的拖欠发货损失和丧失销售机会的损失及造成的商誉损失等；如果生产企业以紧急采购代用材料解决库存材料中断之急，那么缺货成本表现为紧急额外购入成本。缺货成本用 TC_s 表示。

最后，以 TC 来表示储备存货的总成本，它的计算公式为：

$$TC = TC_a + TC_c + TC_s = F_1 + \frac{D}{Q} \times K + D \times U + F_2 + K_c \times \frac{Q}{2}$$

（三）存货法人的控制方法

1. 存货归口分级管理

存货归口分级管理是企业实行存货资金管理责任制的一个重要方法。企业的存货以各种实物形态分布在企业生产经营的每个环节，由从事生产经营活动的各有关职能部门和生产部门掌握和使用，只有每个职能部门都参与才能真正管理好企业的存货。企业的存货管理应当在财务部门牵头进行集中管理的前提下，实行存货的归口分级管理。实行存货归口分级管理有利于调动各职能部门、各级单位和员工管好用好存货的积极性和主动性，把存货管理同企业的生产经营活动结合起来，贯彻责权利相结合的原则。存货归口分级管理的主要内容有以下方面。

第一，财务部门对存货资金统一管理，以促进供、产、销之间的相互协调，加速周转。财务部门的工作包括测算存货资金占用数额，编制存货资金使用计划；将计划指标分解、落实到责任单位和个人；对存货资金使用情况进行检查、分析和考核等。

第二，根据存货的实际流转、保管和使用情况，按资金使用、实物管理和资金管理相结合的原则，分别确认供、产、销各环节存货的归口管理部门。

第三，各归口管理部门进一步将存货管理责任层层落实，分解到下属的单位或者个人。

2. 存货ABC分类管理法

不同存货对企业财务目标的实现具有不同的作用，有的存货尽管品种数量很少，但金额巨大，如果管理不善，会给企业造成极大的损失。而有的存货虽然品种数量繁多，但金额微小，即使管理中出现一些问题，也不至于对企业产生较大的影响。因此，企业不可能也没有必要对所有存货不分巨细地严加管理，ABC分类管理法就是基于这一考虑而提出的。

存货的ABC分类管理就是根据各项存货在全部存货中的重要程度，按重要性递减原则，将存货分成A、B、C三类，最重要的存货为A类，实行重点规划和管理，对存货的收、发、存详细记录，定期盘点。对采购、储存、使用过程中出现的偏差应及时分析原因，调查清楚，寻求改进措施。一般存货为B类，进行次重点管理，一般可按存货类别进行控制，对实际出现的偏差进行概括性检查。不重要的存货为C类，只做一般管理方式。

存货ABC分类的标准主要有两个：①金额标准；②品种数量标准。企业金额标准是最基本的，品种数量标准仅作为参考。A类存货的特点是金额巨大，但品种数量较少；B类存货金额一般，品种数量相对较多；C类存货品种数量繁多，但价值金额却很小。

三、应收账款管理

应收账款是指企业因对外销售产品或提供劳务等所形成的尚未收回的销售款项。企业通过提供商业信用，采取赊销、分期付款等方式可以扩大销售，增强竞争力，获得利润。应收账款作为企业为扩大销售和盈利的一项投资，也会发生一定的成本，因此企业需要在应收账款所增加的盈利和所增加的成本之间做出权衡。

应收账款管理就是分析赊销的条件，使赊销带来的盈利增加大于应收账款投资产生的成本增加，最终使企业现金收入增加，企业价值上升。应收账款管理的有效性直接影响到企业资金的周转和经济效益的实现，也直接影响到企业的资产质量和资产营运能力。

（一）应收账款的功能体现

应收账款的功能指其在生产经营中的作用，主要有以下两方面。

一是促进销售功能。在激烈的市场竞争中，通过提供赊销可有效地促进销售。因为企业提供赊销不仅向顾客提供了商品，也在一定时间内向顾客提供了购买该商品的资金，顾客将从赊销中得到好处。所以赊销会带来企业销售收入和利润的增加。

二是减少存货功能。企业持有一定产成品存货时，会相应地占用资金，形成仓储费用、管理费用等，产生成本；而赊销则可避免这些成本的产生。所以当企业的产成品存货较多时，一般会采用优惠的信用条件进行赊销，将存货转化为应收账款，节约支出。

（二）应收账款的主要成本

应收账款作为企业为增加销售和盈利进行的投资，必然会发生一定的成本。应收账款的成本主要有三种。

第一，应收账款的机会成本。应收账款会占用企业一定量的资金，而企业若不把这部分资金投放于应收账款，便可以用于其他投资并可能获得收益，例如投资债券获得利息收入。这种因投放于应收账款而放弃其他投资所带来的收益，即为应收账款的机会成本。

第二，应收账款的管理成本。管理成本主要是指在进行应收账款管理时所增加的费用。主要包括：调查顾客信用状况的费用、收集各种信息的费用、账簿的记录费用、收账费用等。

第三，应收账款的坏账成本。在赊销交易中，债务人由于种种原因无力偿还债务，债权人就有可能无法收回应收账款而发生损失，这种损失就是坏账成本。可以说，企业发生坏账成本是不可避免的，而此项成本一般与应收账款的数量成正比。因此，为避免坏账给企业生产经营活动的稳定性带来不利影响，企业应按应收账款余额的一定比例提取坏账准备。

（三）应收账款的管理内容

为充分发挥应收账款的功能作用，必须加强对应收账款的管理。应收账款的管理核心是制定合理的信用政策，使得信用政策既有利于扩大销售，又有利于降低应收账款占用的资金，防止发生坏账损失。具体来说，应收账款管理的主要内容包括以下方面。

1. 合理的应收账款信用政策制定

为了确保企业能一致性地运用信用和保证公平性,企业必须制定恰当的信用政策。最佳的信用政策,也就是说最佳的应收账款投资水平,取决于企业自身的生产经营状况和外部环境。信用政策包括信用标准、信用期限、折扣条件和收账政策等四部分的内容。

（1）信用标准

信用标准是企业同意向客户提供商业信用而提出的基本要求,通常以预期的坏账损失率作为判别标准。企业要根据自身条件和市场竞争的具体情况,选择适当的信用标准。如果企业执行的信用标准过于严格,可能会降低对符合可接受信用风险标准客户的赊销额,因此会限制企业的销售机会；如果企业执行的信用标准过于宽松,可能会对不符合可接受信用风险标准的客户提供赊销,因此会增加随后还款的风险并增加坏账费用。企业在制定或选择信用标准时,应考虑以下三个因素。

一是同行业竞争对手的情况。企业要在市场竞争中保持优势地位,不断扩大市场占有率。因此,如果竞争对手实力强,企业要保持其优势地位就须采取较低的信用标准；反之,其信用标准要相应严格一些。

二是企业承担违约风险的能力。当企业承担违约风险的能力较强时,企业可以以较低的信用标准争取客户,提高其市场竞争力；反之,则要选择严格的信用标准以降低违约风险的程度。

三是客户的资信程度。客户的资信程度是影响企业制定信用标准的重要因素。一般按照5C信用评价体系来评估客户的资信程度。

品质（Character）：是指个人申请人或企业申请人管理者的诚实和正直表现。品质反映了个人或企业在过去的还款中所体现的还款意图和愿望。

能力（Capacity）：能力反映的是企业或个人在其债务到期时可以用于偿债的当前和未来的财务资源,可以使用流动比率和现金流预测等方法评价申请人的还款能力。

资本（Capital）：资本是指如果企业或个人当前的现金流不足以还债,他们在短期和长期内可供使用的财务资源。

抵押品（Collateral）：抵押品是指当企业或个人不能满足还款条款时,可以用作债务担保的资产或其他担保物。

环境（Condition）：环境是指影响顾客还款能力和还款意愿的经济环境,对申请人的这些条件进行评价以决定是否给其提供信用。

以上信息可以通过直接调整获得,即调查人员通过与被调查单位进行直接接触,通过当面采访、询问、观看等方式获取信用资料,此外,客户资信程度也可以通过间接调查获得。间接调查是以被调查单位以及其他单位保存的有关原始记录和核算资料为基础，通过加工整理获得被调查单位信用资料的一种方法。这些资料主要来自以下方面：①通过财务报表分析来掌握一个企业的财务状况和信用状况；②通过信用评估机构获得可信度较高的信用资料；③许多银行都设有信用部，对其顾客信用状况进行记录、评估，因此银行也是信用资料的一个重要来源；④其他途径，如财税部门、工商管理部门、消费者协会等机构都可能提供相关的信用状况资料。

(2) 信用期限

信用期限是企业允许顾客从购货到付款之间的时间，或者说是企业给予顾客的付款期限。例如，若某企业允许顾客在购货后的 50 天内付款，则信用期为 50 天，信用期过短，不足以吸引顾客，在竞争中会使销售额下降；信用期过长，对销售额增加固然有利，但与此同时，应收账款、收账费用和坏账损失增加，会产生不利影响。因此，企业必须慎重研究，确定出恰当的信用期。

信用期变动的分析，一方面，要考虑对利润表的影响（包括收入、成本和费用）；另一方面，要考虑对资产负债表的影响（包括应收账款、存货、应付账款），并且要将对资金占用的影响用"资本成本"转化为"应计利息"，以便进行统一的得失比较。

此外，还有一个值得注意的细节，就是"应收账款占用资金"应当按"应收账款平均余额乘以变动成本率"计算确定。

(3) 折扣条件

现金折扣是企业为了鼓励顾客在规定的期限内尽早付款而对顾客在商品价格上的扣减。向顾客提供这种价格上优惠的主要目的在于吸引顾客为享受优惠而提前付款，缩短企业的平均收款期。另外，现金折扣也能招揽一些视折扣为减价出售的顾客前来购货，借此扩大销售量。

折扣的表示常用如 5/10、3/20、N/30 这样的符号。这三个符号的含义分别为：5/10 表示 10 天内付款，可享受 5% 的价格优惠，即只须支付原价的 95%，如原价为 10 000 元，只须支付 9500 元；3/20 表示 20 天内付款，可享受 3% 的价格优惠，即只须支付原价的 97%，若原价为 10 000 元，则只须支付 9700 元；N/30 表示付款的最后期限为 30 天，此时付款无优惠。

企业采用什么程度的现金折扣，要与信用期限结合起来考虑。比如，要求顾客最迟不超过 30 天付款，若希望顾客 20 天、10 天付款，能给予多大折扣？如果给予 5%、3% 的折扣，能吸引顾客在多少天内付款？不论是信用期限还是现金折扣，都可能给企业带来收益，但也会增加成本。当企业给予顾客某种现金折扣时，应当考虑折扣所能带来的收益与成本孰高孰低，权衡利弊。

因为现金折扣是与信用期限结合使用的,所以确定折扣程度的方法与程序实际上与前述确定信用期限的方法与程序一致,只不过要把所提供的延期付款时间和折扣综合起来,计算各方案的延期与折扣能取得多大的收益增量,再计算各方案带来的成本变化,最终确定最佳方案。

(4) 收账政策

收账政策是指当客户违反信用条件,拖欠甚至拒付账款时企业所采取的收账策略与措施。在企业决定向客户提供商业信用时,实际上已经承担了客户违反信用条件、拖欠货款的风险。通过收账政策的制定与实施,企业得以维持信用标准的水平和维护信用条件的执行,减少坏账损失。

当企业向客户提供商业信用时,必须考虑三个问题:客户是否会拖欠或拒付账款,程度如何;怎样最大限度地防止客户拖欠账款;一旦账款遭到拖欠甚至拒付,企业应采取怎样的对策。前两个问题的解决主要是靠信用调查和严格信用审批制度。第三个问题则必须通过制定完善的收账政策,采取有效的收账措施予以解决。企业对拖欠的应收账款进行催收,需要付出一定的收账费用,如收款所花的邮电通信费、派专人收款的差旅费和不得已时的法律诉讼费等。如果企业的收款政策过宽,将会导致拖欠款项的客户增多并且拖欠款项的时间延长,从而增加应收账款的投资和坏账损失,但却会减少收账费用;收账政策过严,将导致拖欠款项的客户减少及拖欠款项的时间缩短,从而减少应收账款的投资和坏账损失,但却会增加收账费用。因此,企业在制定收账政策时,要权衡利弊得失。把握好宽严程度。

2. 进行应收账款的投资决策

企业为客户提供商业信用是为了扩大销售量,增加企业的收益,应收账款实际上是企业为了获得更大收益而进行的一项投资。但是应收账款要占用大量的资金,企业必须将应收账款投资总额控制在一个合理的范围内。应收账款的投资额主要取决于两个因素:一是企业的赊销数额;二是应收账款的平均收账期。企业的赊销数额取决于企业的销售能力和信用政策,应收账款的平均收账期则主要取决于企业的信用政策。应收账款投资额可用以下公式计算:

$$应收账款投资额=每日平均赊销数额×应收账款平均收账期$$

3. 加强应收账款的日常管理,防止坏账发生

对于已经发生的应收账款,企业要加强日常管理,采取有力措施进行分析、控制。这些措施包括以下两方面。

(1) 应收账款账龄分析。企业为了详细了解客户的付款情况,可以编制应收账款账龄

分析表。账龄分析表将应收账款划分为未到信用期的应收账款和已逾期应收账款。一般来讲，逾期拖的时间越长，账款催收难度越大，成为坏账的可能性也就越高。账龄分析法是衡量应收账管理状况的一种重要方法，企业既可以按照应收账款总额进行账龄分析，也可以按照顾客进行账龄分析。通过应收账款账龄分析，不仅能提示财务管理人员把过期款项视为工作重点，而且有助于促进企业进一步研究与制定新的信用政策。

（2）应收账款坏账准备金制度。坏账准备金制度是指企业按照事先确定的比例估计坏账损失计提坏账准备金，待发生坏账时再冲减坏账准备金。建立坏账准备金制度的关键是合理地确定计提坏账准备的比例。计提比例的确定是建立在历史经验数据的基础之上的。企业可以根据以往应收账款发生坏账的比例和当前信用政策的实际情况来估计计提坏账准备金的比例。

计提坏账准备金的方法有三种：一是销货百分比法，即按赊销货款的一定比率计提坏账准备金；二是账龄分析法，即按照账龄长短分别确定不同的计提比例，账龄越短，则计提比例越小，账龄越长，计提比例越大；三是应收账款余额百分比法，即按应收账款期末余额的一定比率计提坏账准备金。

第三节　新经济时代营运资金管理的现存问题

在 20 世纪中的金融危机影响下，我国的好多企业受到经济危机的影响，银行这一行业受到的损失是直接的。这就要求我国的企业进行资金的管理，一个企业的营运资金流动和收益是直接关系到资金的管理之上。企业要管理资金营运的流动，让整个企业在资金营运上进行正常的运作。对营运资金严格管理的企业来说，能够合理地减少企业面临的资金问题，还可以让企业在持续稳定发展当中的经济效益得到保证。在这种情况下，有些企业在营运资金管理上还存在着很多没有解决的问题，具体有以下方面。

问题一：企业营运资金比较的短缺。

维持一个企业正常的营运资金管理的基础就是这个企业的营运资金，在我们国家中还有一些企业存在着比较明显的营运资金短缺的问题，尤其是那些中型和小型企业的营运资金不能正常到位，所以经常会出现营运资金短缺的情况。一个企业的营运资金的主要来源就是进行投资和融资，还有就是进行金融机构的贷款或者就是企业本身有一定的资金。但是中型和小型企业向有关金融机构进行贷款，还要受到特别多的限制，对于中型和小型企业要进行融资也是相当困难的，这样就会让中型和小型的企业营运资金不能得到合理的利用，在企业发展中正常的营运机制会受到一定不利因素的影响。

问题二：企业营运资金管理不足。

在企业营运资金管理模式上也存在着一定的问题,有些企业在营运资金管理模式比较粗陋,对企业营运资金管理意识的缺乏,有些企业只是对其生产规模的扩大进行重视,将企业资金管理的思想和管理的创新完全忽略了,这样就会让企业的管理方式出现落后的情况。在今天快速发展的市场经济影响下,那种陈旧和落后的企业管理模式是不能很好地在今天的市场中适应的,这也会让企业未来的经济发展受到影响。有些企业在财务管理人员的管理专业上不是很重视,而其自身的管理专业也不是很高,企业对这些财务管理人员也是完全不重视的,这样就会让企业营运资金的正常运作受到影响,也会让企业的可持续发展受到阻碍。

问题三:企业营运资金的较低的营运效率。

在企业营运资金的营运上也会出现问题,有些企业在营运资金上对资金的管理结构的平衡进行了破坏,对企业资金不合理的管理,企业内部的财务人员对于企业的货币资金存在着偏低的管理效率,企业在短期中进行借款的方式不恰当,企业应收的账款没有按照一定的规定进行控制,还有就是企业内部对于存货有着不先进的管理方式,而这些问题在企业营运资金管理上为企业的营运管理带来了效率较低的影响,这些问题就会对企业造成过度的资金紧张,同时也让今后的市场生产经营活动受到影响,直接地影响企业的正常经营效益。

第四节　新经济时代营运资金管理的解决对策

新经济时代下,企业可采取以下对策解读营运资金管理问题。

对策一:构建合理有效的企业营运资金管理模式。我国经济现在是在全球经济一体化的环境中飞速地发展,这就让我国的各个企业都要在新的挑战下进行可持续发展和相对稳定的前进。在企业内部要加强财务人员的管理,让其树立一种科学和健康的心态去进行企业营运资金的管理,还要对企业中的其他部门进行营运资金管理的提高,这对于企业来说,一个合理的营运资金管理模式是非常有必要的。企业还要对内部资金进行优化,调整资金的结构,要对其进行合理的管理,这样才会将企业的流动资金带来的损失降低到最小。企业要在财务上进行结算模式的建立,让营运资金在管理下进行强化,为企业资金提供良好的扩展和收购能力,让企业更好地保证资金的营运。

对策二:加强企业货币的资金管理。企业货币的资金管理在营运资金上可以提高的方式进行管理,这对于企业来说是营运资金的一个重点。第一点就是对企业现在持有的资金进行分析来确定最佳的方式将闲置的资金进行充分的利用。第二点就是在资金货币进行流入和流出,提高货币利用的效果。第三点就是将企业的资金进行集中,降低企业利息费用将其进行偿还。

对策三：加强企业存货管理。结合自身的实际能力，企业要在内部进行合理的存货系统的建立，让企业人员随时都可以对企业内部的存货进行了解，并清楚地知道企业内部的存货情况。这就要求应用合理有效科学的方式来进行管理，对内部存货系统进行定期的整理，还要将存货系统中不能符合规定的进行修改。让企业内部存货信息和我们在网上查到的相一致，这是企业存货的有效合理方式。

对策四：加强企业人才储备。当企业发生财务状况时，有合适的人员进行相对问题的解决，这就要求企业对人才进行储备。企业可以让人员通过专门的财务培训进行学习，还要对这些人才进行阶段性的考核，这样就会使企业发生资金问题时可以有专门的人员进行解决。

对策五：加强企业账款管理。科学有效的信用制度的建立，对于企业的营运资金管理是十分重要的。根据企业的实际账款情况，进行合理的账款保障系统的进行，及时地进行应收账款是现在企业营运资金管理的一种新方法，让企业在账款上能够清楚地掌握，能够帮助企业在准确的时间中对应收账款进行了解，保障了企业的营运资金管理效率，让企业的营运资金管理账款有效地为企业带来效率。

从上面叙述的内容当中，我们清楚地了解一个企业营运资金对于一个企业的未来发展是相当重要的，随着社会市场体系不断的变化，加强企业营运资金管理是十分必要的，这可以有效降低企业所面临的财务风险，还能让企业营运资金得到保障的前提下进行运行的正常化，这是企业可持续发展的前进目标。

第四章 新经济时代财务预算与财务分析

第一节 财务预算及其编制

一、财务预算及其作用

全面预算就是企业未来一定期间内全部经营活动各项具体目标的计划与相应措施的数量说明,具体包括日常业务预算、专门决策预算和财务预算三大类内容。其中,财务预算是一系列专门反映企业未来一定预算期内预计财务状况和经营成果,以及现金收支等价值指标的各种预算总称,具体包括反映现金收支活动的现金预算、反映企业财务成果的预计利润表、反映企业财务状况的预计资产负债表等内容。

财务预算是企业全面预算体系中的组成部分,它在全面预算体系中具有重要的作用,主要表现在以下几个方面。

第一,财务预算使决策目标具体化、系统化和定量化。在现代企业财务管理中,财务预算必须服从决策目标的要求,尽量做到全面地、综合地协调、规划企业内部各部门、各层次的经济关系与职能,使之统一服从于未来经营总体目标的要求。同时,财务预算又能使决策目标具体化、系统化和定量化,能够明确规定企业有关生产经营人员的各自职责及相应的奋斗目标,做到人人事先心中有数。

第二,财务预算是总预算,其余预算是辅助预算。财务预算作为全面预算体系中的最后环节,可以从价值方面总括地反映企业经营决策预算与业务预算的结果,使预算执行情况一目了然。

第三,财务预算有助于财务目标的顺利实现。通过财务预算,可以建立评价企业财务状况的标准,以预算数作为标准的依据,将实际数与预算数对比,及时发现问题以及调整偏差,使企业的经济活动按预定的目标进行,从而实现企业的财务目标。

编制财务预算,并建立相应的预算管理制度,可以指导与控制企业的财务活动,提高预见性,减少盲目性,使企业的财务活动有条不紊地进行。

二、财务预算的编制方法

(一) 固定预算与弹性预算

1. 固定预算

固定预算又称静态预算,是把企业预算期的业务量固定在某一预计水平上,以此为基础来确定其他项目预计数的预算方法。也就是说,预算期内编制财务预算所依据的成本费用和利润信息都只是在一个预定的业务量水平的基础上确定的。显然,以未来固定不变的业务水平所编制的预算赖以存在的前提条件,必须是预计业务量与实际业务量相一致(或相差很小)时才比较适合。但是,在实际工作中,预计业务量与实际水平相差比较远时,必然导致有关成本费用及利润的实际水平与预算水平因基础不同而失去可比性,不利于开展控制与考核工作。

2. 弹性预算

弹性预算是固定预算的相对面,关键在于把所有的成本按其性态划分为变动成本与固定成本两大部分。在编制预算时,变动成本随业务量的变动而予以增减,固定成本则在相关的业务量范围内稳定不变。变动成本和固定成本分别按一系列可能达到的预计业务量水平编制能适应企业在预算期内任何生产经营水平的预算。由于这种预算是随着业务量的变动做机动调整,适用面广,具有弹性,故称为弹性预算或变动预算。

由于未来业务量的变动会影响到成本费用和利润各个方面,因此,弹性预算从理论上讲适用于全面预算中与业务量有关的各种预算。但从实用角度看,弹性预算主要用于编制制造费用、销售及管理费用等半变动成本(费用)的预算和利润预算。

制造费用与销售及管理费用的弹性预算,均可按下列弹性预算公式进行计算:

成本的弹性预算=固定成本预算数+$\sum$(单位变动成本预算数×预计业务量)

但两者略有区别,制造费用的弹性预算是按照生产业务量(生产量、机器工作小时等)来编制的;销售及管理费用的弹性预算是按照销售业务量(销售量、销售收入)来编制的。

成本的弹性预算编制出来以后,就可以编制利润的弹性预算。它是以预算的各种销售收入为出发点,按照成本的形态,扣减相应的成本,从而反映企业预算期内各种业务量水平上应该获得的利润指标。

弹性预算的优点在于:一方面,能够适应不同经营活动情况的变化,扩大了预算的适用范围，更好地发挥预算的控制作用；另一方面，能够对预算的实际执行情况进行评价与考核，使预算能真正为企业经营活动服务。

（二）定期预算与滚动预算

1. 定期预算

定期预算就是以会计年度为单位编制的各类预算。这种定期预算有以下三大缺点：第一，盲目性，因为定期预算多在其执行年度开始前两三个月进行，难以预测预算期后期情况，特别是在多变的市场环境下，许多数据资料只能估计，具有盲目性；第二，不变性，预算执行中，许多不测因素会妨碍预算的指导功能，甚至使之失去作用，而预算在实施过程中又往往不能进行调整；第三，间断性，预算的连续性差，定期预算只考虑一个会计年度的经营活动，即使年中修订的预算也只是针对剩余的预算期，对下一个会计年度很少考虑，形成人为的预算间断。

2. 滚动预算

滚动预算又称永续预算，其主要特点是不将预算期与会计年度挂钩，而始终保持12个月，每过去一个月，就根据新的情况进行调整和修订后几个月的预算，并在原预算基础上增补下一个月预算，从而逐期向后滚动，连续不断地以预算形式规划未来经营活动。这种预算要求一年中前几个月的预算要详细完整，后几个月可以粗略一些。随着时间的推移，原来较粗的预算逐渐由粗变细，后面随之又补充新的较粗的预算，以此不断滚动。

滚动预算可以保持预算的连续性和完整性。企业的生产经营活动是连续不断的，因此，企业的预算也应该全面地反映这一延续不断的过程，使预算方法与生产经营过程相适应，同时，企业的生产经营活动是复杂的，而滚动预算便于随时修订预算，确保企业经营管理工作秩序的稳定性，充分发挥预算的指导与控制作用。滚动预算能克服传统定期预算的盲目性、不变性和间断性，从这个意义上说，编制预算已不再仅仅是每年年末才开展的工作，而是与日常管理密切结合的一项措施。当然，由于滚动预算采用按月滚动的方法，所以预算编制工作比较重，因此，也可以采用按季度滚动来编制预算。

（三）增量预算与零基预算

1. 增资预算

增量预算是指在基期成本费用水平的基础上，结合预算期业务量水平及有关低成本的措施，通过调整有关原有成本费用项目而编制预算的方法。这种预算方法比较简单，但它是以过去的水平为基础的，实际上就是承认过去是合理的，无须改进。因此往往不加分析地保留或接受原有成本项目，或按主观臆断平均削减，或只增不减，这样容易造成预算的不足，或者安于现状，造成预算不合理的开支。

2. 零基预算

零基预算，或称零底预算，是指在编制预算时，对于所有的预算支出均以零为基础，不考虑其以往情况如何，从实际需要与可能出发，研究分析各项预算费用开支是否必要、合理，进行综合平衡，从而确定预算费用。这种预算不以历史为基础修修补补，而是以零为出发点，一切推倒重来。

零基预算编制的程序如下：首先，根据企业在预算期内的总体目标，对每一项业务说明其性质、目的，以零为基础，详细提出各项业务所需要的开支或费用；其次，按"成本—效益"分析方法比较分析每一项预算费用是否必要、能否避免，以及它所产生的效益，以便区别对待；最后，对不可避免费用项目优先分配资金，对可延缓成本则根据可动用资金情况，按轻重缓急，以及每个项目所需的经费分成等级，逐项下达费用预算。

零基预算的优点是不受现有条条框框的限制，对一切费用都以零为出发点，这样不仅能压缩资金开支，而且能切实做到把有限的资金用在最需要的地方，从而调动各部门人员的积极性和创造性，量力而行，合理使用资金，提高效益。其缺点是由于一切支出均以零为起点进行分析、研究，势必带来繁重的工作量，有时甚至得不偿失，难以突出重点。为了弥补零基预算这一缺点，企业不是每年都按零基预算来编制预算的，而是每隔若干年进行一次零基预算，以后几年内略做适当调整，这样既减轻了预算编制的工作量，又能适当控制费用预算。

第二节　财务分析及方法探究

一、财务分析概述

财务分析是以企业财务报表及其他相关资料为依据，采用一系列专门的分析技术和方法，对企业财务状况、经营成果等进行分析与评价，为企业的投资者、债权者、经营者及其他信息使用者了解企业过去、评价企业现状、预测企业未来、做出正确决策与估价提供重要的信息或依据。

（一）财务分析的意义体现

做好财务分析具有以下的意义。

第一，通过财务分析，可正确评价企业过去财务状况和经营成果。通过对企业的财务报表、财务报表附注和其他资料进行分析，可以了解企业的财务风险状况、营运能力和盈利能力，便于企业管理者和其他财务报表使用者了解企业财务状况和经营成果，同时也能够帮助企业管理者找出企业存在的问题及产生的原因，合理评价经营者的工作业绩，提高企业管理水平。

第二，财务分析是实现企业财务管理目标的重要手段。虽然对企业的财务管理目标的内容理解不同，有以利润最大化为目标、以每股收益最大化为目标、以股东财务最大化以及企业价值最大化等多种观点，企业财务管理的目标都需要增加利润实现财务管理目标。通过对企业的生产经营情况进行财务分析，了解企业的盈利能力和资金周转情况，帮助企业找出财务风险所在，改善财务状况。通过对企业成本、收入情况进行分析，帮助企业找出扩大财务成果的内部潜力，促使企业按照实现财务管理的目标实现良性运行。

第三，财务分析是信息使用者做出决策的重要步骤。通过财务分析，可以为企业外部投资者、债务人和其他信息使用者提供更加系统的、完整的会计信息，便于他们更加深入地了解企业的财务状况、经营成果和现金流量情况，为其投资决策、信贷决策和其他经济决策提供依据。

（二）财务分析的主要目的

企业公开发布的财务报表，是企业信息使用者重要的信息来源。信息使用者不同，财务分析的目的也不同，因此财务信息使用者要从中选择自己需要的信息，从特定的角度出发，重新组合并研究其相互关系，以满足特定决策的需要。

投资者或潜在的投资者关注企业的盈利能力、权益结构和资本的保值增值能力。对于一般投资者而言，更关注股息、股利的发放。而企业的债权者更关注企业的偿债能力，关心其对企业的借款或其他债权和相应的利息是否能及时、足额收回。对于企业的经营者而言，关注的重点是企业盈利情况、资产结构、营运状况与效率等，以便及时发现生产经营中存在的问题与不足，并采取有效措施解决这些问题。对于其他的信息相关者，如材料供应（信用）商更关心企业的信用状况，包括商业上的信用和财务上的信用。而国家监督部门的关注点在于监督检查政策执行情况和保证企业财务会计信息和财务分析报告的真实性、准确性，为宏观决策提供可靠信息。

（三）财务分析的一般内容

第一，偿债能力分析。偿债能力是指企业用其资产偿还到期债务的能力。企业偿债能力是反映企业财务状况和财务风险程度的重要标志。通过对企业的财务报表等资料进行分析，可以了解企业资产流动性、负债水平和偿还债务的能力，从而评价企业的财务状况和财务风险，为管理者、投资者和债务人提供企业的偿债能力的财务信息。

第二，营运能力分析。营运能力反映企业对资产的利用和管理的能力。营运能力主要指企业营运资产的效率与效益。企业营运资产的效率主要指资产的周转率或周转速度。企业营运资产的效益通常是指企业的产出额与资产占用额之间的比率。通过对营运能力的分析可评价企业资产营运的效率、可发现企业在资产营运中存在的问题。营运能力分析是盈利能力分析和偿债能力分析的基础与补充。

第三，盈利能力分析。盈利能力是指企业获取利润的能力。企业要生存和发展，必须获取利润。利润是投资者取得投资收益、债权人收取本息的资金来源，是经营者经营业绩和管理效能的集中表现。投资者和债权人都非常关心企业的盈利能力。

第四，发展能力分析。企业的发展能力，也称企业的成长性，它是企业通过自身的生产经营活动，不断扩大积累而形成的发展潜能。通过对企业的发展潜力进行分析，预测企业的经营前景，从而为企业管理者和投资者进行经营决策和投资决策提供重要的依据。

第五，财务综合分析。所谓财务综合分析，就是将企业营运能力、偿债能力和盈利能力等方面的分析纳入一个有机的分析系统之中，全面地对企业财务状况、经营状况进行解剖和分析，为企业财务管理水平、经营业绩提供信息。

二、财务分析方法

财务分析的方法主要有趋势分析法、比率分析法和因素分析法。

（一）趋势分析法

趋势分析法又称水平分析法，是根据企业连续几年或几个时期的分析资料，运用指数或完成率的计算，确定分析期各有关项目的变动情况和趋势的一种财务分析方法。

1. 趋势分析法的一般步骤

第一，计算趋势比率或指数。一是定基指数；二是环比指数。定基指数就是各个时期的指数都是以某一固定时期为基期来计算的。环比指数则是各个时期的指数是以前一期为基期来计算的。趋势分析法通常采用定基指数。

第二，根据指数计算结果，评价与判断企业各项指标的变动趋势及其合理性。

第三，预测未来的发展趋势。根据企业以前各期的变动情况，研究其变动趋势或规律，从而可预测出企业未来发展变动情况。

2. 趋势分析法运用的方式

（1）重要财务指标的比较

对不同时期财务指标的比较，有以下两种方法。

一是定基动态比率：定基动态比率是以某一时期的数额为固定基期数额而计算出来的动态比率。其计算公式为：

$$定基动态比率 = 分析期数额 \div 固定基期数额$$

二是环比动态比率：环比动态比率是以每一分析期的前期数额为基期数额而计算出来的动态比率。其计算公式为：

$$环比动态比率 = 分析期数额 \div 前期数额$$

（2）会计报表的比较

它是将连续数期的会计报表的金额并列起来，比较其相同指标的增减变动金额和幅度，据以判断企业财务状况和经营成果发展变化的一种方法。

（3）会计报表项目构成的比较

会计报表项目构成的比较是以会计报表中的某个总体指标作为100%，再计算出其各组成项目占该总体指标的百分比，从而比较各个项目百分比的增减变动，以此判断有关财务活动的变化趋势。

采用趋势分析法时，必须注意以下问题：第一，所对比指标的计算口径必须一致；第二，应剔除偶发性项目的影响；第三，应运用例外原则对某项有显著变动的指标做重点分析。

（二）比率分析法

比率分析法是以同一期财务报表上若干重要项目的相关数据相互比较，求出比率，用以分析和评价企业财务状况的一种方法，是财务分析最基本的工具。由于进行财务分析的目的不同，因而各种分析者包括债权人、管理当局、政府机构等所采取的侧重点也不同。一般需要掌握和运用四类比率，即反映企业的获利能力比率、偿债能力比率、成长能力比率、营运能力比率这四大类财务比率。

1. 比率指标的主要类型

比率指标的类型主要有以下三种。

（1）构成比率。构成比率又称结构比率，是指某项财务指标的各组成部分数值占总体数值的百分比，反映部分与总体的关系。如流动负债与负债总额的比率。

（2）效率比率。效率比率是某项经济活动中所费与所得的比率，反映投入与产出的关系。如资产报酬率、销售净利率等。

（3）相关比率。相关比率是以某个项目和与其有关但又不同的项目加以对比所得的比率，反映有关经济活动的相互关系。如流动比率、速动比率等。利用相关比率可以考察各项经济活动之间的关系，从而揭示企业的财务状况。

2. 采用比率分析法的注意事项

采用比率分析法时，应当注意以下几点。

一是对比项目的相关性。计算比率的子项和母项必须具有相关性，把不相关的项目进行对比是没有意义的。

二是对比口径的一致性。计算比率的子项和母项必须在计算时间、范围等方面保持口径一致。

三是衡量标准的科学性。运用比率分析，需要选用一定的标准与之对比，以便对企业的财务状况进行评价。如历史标准、行业标准、国内同类企业的先进水平以及公认标准等。

（三）因素分析法

因素分析法又称连环替换法。连环替代法是依据分析指标与其影响因素之间的关系，按照一定的程序和方法确定各因素对分析指标差异影响程度的一种技术方法。因素分析法可分为连环替代法和差额计算法两种。

1. 连环替代法

（1）连环替代法的程序

第一，确定分析指标与其影响因素之间的关系，确定分析指标与其影响因素之间关系的方法，通常是用指标分解法。如下例所示：

总资产报酬率＝息税前利润÷平均资产总额×100%

＝（营业收入÷平均资产总额）×（息税前利润÷营业收入）×100%

＝（总产值÷平均资产总额）×（营业收入÷总产值）

×（息税前利润÷营业收入）×100%

＝总资产产值率×产品销售率×销售利润率×100%

第二，根据分析指标的报告期数值与基期数值列出两个关系式或指标体系，确定分析对象。如对于总资产报酬率而言，两个指标体系是：

基期总资产报酬率＝基期资产产值率×基期产品销售率

×基期销售利润率实际总资产报酬率

＝实际资产产值率×实际产品销售率×实际销售利润率分析对象

＝实际总资产报酬率－基期总资产报酬率

第三，连环顺序替代，计算替代结果。所谓连环顺序替代，就是以基期指标体系为计算基础，用实际指标体系中的每一因素的实际数顺序地替代其相应的基期数，每次替代一个因素，替代后的因素被保留下来。计算替代结果，就是在每次替代后，按关系式计算其结果。有几个因素就替代几次，并相应确定计算结果。

第四，比较各因素的替代结果，确定各因素对分析指标的影响程度。比较替代结果是连环进行的，即将每次替代所计算的结果与这一因素被替代前的结果进行对比，二者的差额就是替代因素对分析对象的影响程度。

第五，检验分析结果。检验分析结果是将各因素对分析指标的影响额相加，其代数和应等于分析对象。如果二者相等，说明分析结果可能是正确的；如果二者不相等，则说明分析结果一定是错误的。

连环替代法的程序或步骤是紧密相连、缺一不可的，尤其是前四个步骤，任何一个步骤出现错误，都会出现错误结果。

（2）应用连环替代法应注意的问题

一是因素分解的相关性问题。是指分析指标与其影响因素之间必须真正相关，即有实际经济意义。

材料费用＝产品产量×单位产品材料费用

材料费用＝工人人数×每人消耗材料费用

但是从经济意义上说，只有前一个因素分解式是正确的，后一因素分解式在经济上没有任何意义。

二是分析前提的假定性。是指分析某一因素对经济指标差异的影响时，必须假定其他因素不变，否则就不能分清各单一因素对分析对象的影响程度。

三是因素替代的顺序性。替代因素时，必须按照各因素的依存关系，排成一定的顺序并依此替代，其顺序不能更改，否则会得出不同的结果。一般而言，确定排列因素替代程序的原则是：按照分析对象的性质，从诸因素相关依存关系出发，首先从数量质量进行替代，再进行质量指标的替代。

四是顺序替代的连环性。顺序替代的连环性是指在确定各因素变动对分析对象的影响时，都是将某因素替代后的结果与该因素替代前的结果进行对比，一环套一环。这样才既能保证各因素对分析对象影响结果的可分性，又便于检验分析结果的准确性。因为只有连环替代并确定各因素影响额，才能保证各因素对经济指标的影响之和与分析对象相等。

五是计算结果的假定性。由于用因素分析法计算的各因素影响设定了假定的顺序，如每个因素替代顺序的不同会导致结果的不同，故会导致计算结果带有假定性。即这种方法的应用不可能使每个因素的结果都准确，这只是在某种假设前提下的影响结果，离开了这种假定的前提条件，也就不会产生这种影响结果。因此在使用因素分析法时，须力求使这种假定是合乎逻辑的、具有实际经济意义的假定。这样，计算结果的假定性才不会影响分析的有效性。

2. 差额计算法

差额计算法是连环替代法的一种简化形式，当然也是因素分析法的一种形式。差额计算法作为连环替代法的简化形式，其因素分析的原理与连环替代法是相同的。这个步骤的基本特点就是：确定各因素实际数与基期数之间的差额，并在此基础上乘以排列在该因素前面各因素的实际数和排列在该因素后面各因素的基期数。

应当指出，应用连环替代法应注意的问题在应用差额计算法时同样要注意。除此之外，还应注意的是，并非所有连环替代法都可按上述差额计算法的方式进行简化。特别是在各影响因素之间不是连乘的情况下，运用差额计算法必须慎重。

第三节　企业财务分析体系的构建

随着我国经济的不断发展，在新的经济背景下，现代化企业需要经过不断改革创新，才能处于竞争中的有利地位。而对于财务分析而言，也需要进行不断的强化，只有这样才能适应社会经济发展大背景，才能实现财务分析目标，才能有效发挥财务管理的作用。随着我国市场经济的进一步改革和发展，传统的财务分析体系已经无法有效满足新时期的财务管理要求，因此建立和完善现代企业财务分析体系至关重要。本节将从传统的财务分析现状入手，提出新经济背景下企业财务分析体系的构建策略。

一、财务分析现状及传统财务分析的问题

第一，企业对于财务分析认识不够且存在偏差。虽然企业财务分析体系对于企业的财务管理起着重要的作用，比如有利于提升企业的经济效益，实现企业利润的最大化，但实践中很多企业管理者对于财务分析的认识仍旧停留在传统的思维模式下，片面地认为重视

财务分析不如注重生产、发展的眼前利益重要，思想上对于财务分析不重视。

第二，企业现有财务人员专业素质有待提高。企业财务分析过程中，需要高素质的财务人员。然而，目前很多企业中的部分财务人员专业素质相对较低，无法深入地认知和分析财务指标，不能深入反映各项指标和企业实际问题，也无法将彼此之间的关系有机地联系在一起。之所以会出现这样的问题，主要原因有两点：一是部分财务人员自身专业素质方面存在问题；二是在长期的工作过程中，未能进行新知识、新理念的学习，没有做到与时俱进，因此也就无法形成新经济背景下的财务分析的思维方式和思想观念。在财务分析体系构建过程中，要淘汰不适应发展的财务人员或者对现有财务人员进行专业培训，才能适应新时期的发展，才能建立科学的财务分析系统帮助企业进行有效规划发展。

第三，财务分析过于形式化。目前在我国很多企业的财务分析过于形式化，加之对企业的目标定位不准确，只是对于财务报表进行对比，对片面的反映数字而缺乏对数字背后的深层原因进行分析，因此导致企业财务分析过于形式化，不健全的财务分析导致其得不到应有的重视和支持。

第四，财务分析系统设置缺乏科学性。在我国部分企业的传统型财务分析指标中，存在着设置不合理的问题，主要原因在于过度关注流动资金，财务分析系统构建过程中因缺乏科学性，而导致其对企业财务现状评估缺乏准确度。同时，由于缺乏科学指标，因此导致事前分析不足，无法为企业提供准确的参考数据，严重影响企业发展战略的制定，甚至会导致财务分析指标设置企业实际情况相脱节。

第五，财务分析系统的单一化。在传统的财务分析工作中，对于构成系统单一化问题，基本上只是账务处理而已，所用的分析方法也较为简单。随着市场经济的快速发展，单一的财务分析已经不能满足企业的需求。因此在构建科学化财务分析系统时，需要引进多元化的财务分析方法，使财务分析能够满足企业的需求。

二、科学化财务分析体系构建的完善策略

（一）明确企业财务分析体系的重要性

在企业财务分析体系的构建工作中，管理者和企业员工首先要明确财务分析体系对于企业的发展所起到的重要作用，明确财务分析的具体内容，加深对于财务分析重要性的认识，在此基础上建立行之有效的财务分析系统。

（二）运用科学的财务分析方法

在部分企业中，所用的财务分析的方法较为简单，在财务分析过程中，需要引进微观经济学中的经济分析与财务数据相结合的方式进行财务分析工作。比如，收益性分析法，即企业赚取利润的能力。从损益表中只能了解到盈亏额，分析不出因果关系，也评价不出财务状况。因此，需要通过财务报表中的有关项目之间的联系来进行企业财务分析，评价企业的收益性。企业收益性水平高，意味着企业可获取的回报高，同时说明企业的资产与资本结构合理，并在经营活动中有效地运用，为企业安全性打下了牢固的基础。反映企业收益性指标有很多。

1. 销售净利率

销售净利率是指净利与销售收入的百分比，其计算公式为：销售利率＝（净利/销售收入）×100%。在企业财务分析中，该指标反映每一元销售收入带来的净利润的多少，也是反映投资者从销售收入中获得收益的比率。净利率低说明企业管理当局未能创造足够的销售收入或未能控制好成本、费用或者皆有。利用这一比率时，投资者不仅要注意净利的绝对数量，而且也要注意到它的质量，即会计处理是否谨慎，是否多提坏账准备和折旧费来减少净利。

2. 毛利率

毛利率是销售收入扣减产品销售成本后的余额，它反映的是企业生产效率的高低，是企业利润的源泉。计算公式：毛利率＝毛利润/销售收入；与此相关的是销售成本率，其公式为：销售成本率＝销售成本/销售收入＝1−毛利率。

在企业财务分析中，毛利率的变化与多种因素有关，是销售收入与产品成本变动的综合结果。当经济形势发生变化，产品成本上升时，产品售价往往难以及时随之调整，从而表现为毛利率的下降；如果企业通过改善经营管理、加强技术改造等措施降低了产品成本，则相应地表现为毛利率的上升。企业产品结构变化对毛利率也产生很大的影响。当企业由生产微利产品转向生产高利产品时，毛利率将显著上升，从而增加净利，提高投资者的报酬率。在企业财务分析中，进行收益分析，还应考核一些有用比率，一是销售退回和折让比率，即销售退回和折让除以销售收入。这一比率高，说明生产或销售部门存在问题，应及时检查另一比率：销售折扣比率，即用销售折扣除以销售收入。用这一比率可了解竞争对手的销售政策，从而调整自己的销售战略，增加销售收入，提高净利。

（三）不断提高财务人员的专业素质

在财务分析的构建过程中，需要高素质的财务人员进行财务分析构建和完善工作。针对当前的问题，笔者认为企业应当立足实际，从内部入手，加强部分财务人员专业素质培养，提高财务人员的基本素质。企业需要淘汰素质过低的财务人员或者定期举行财务人员的培训，使其顺应社会的发展，掌握新的知识，同时为了加强财务人员的学习能力需要制定有效考核机制，通过考核奖罚措施，调动财务人员自我学习的积极性。财务分析体系的构建，说到底就是用充分发挥人的作用，对财务情况进行全面的分析研究，然后做出下一步发展计划和方案。从这一层面来讲，提高财务人员的专业素质水平，是构建财务分析体系的前提。

（四）增强价值管理，科学化财务分析

在目前经济背景下，经济增加值作为评价企业经营业绩的一个重要参考指标，须在财务分析系统中对其进行不断的健全和完善，这一概念的引入，有利于企业经营者从关注效益金钱的工作思路中，快速地转化到关注企业的资金成本，这对提高资金收益率具有非常重要的作用。

第四节　新经济时代财务报告的发展

财务报告是指企业以公开化的形式按照国家会计审计的要求对企业内部的财务信息和会计账簿进行公示，在报告中主要体现企业在一定的经济活动实践内产生的资金变化情况和现金流动情况。

"财务报告是一个企业对外提供的，反映企业某一特定日期财务状况和某一会计期间经营成果、现金流量的文件。"[①] 财务报告对企业的发展方向有着决定性的作用，在新经济时代背景下，企业管理者的经营水平和优秀员工素质的不断提高，再加上市场瞬息万变的机遇，企业需要运用科学合理的数据去分析企业的经营状况和潜在风险，在给予股东信息的同时通过公开财政信息吸引潜在的投资者。随着财务报告信息使用者水平的不断提升和社会投资者对企业信息的完整程度的要求日益严格，企业的财务报告发展的趋势更专业和透明，在数据和总结中尽量满足公众的需求，以灵活的报告模式反映企业全部的经营状况。虽然在改革传统财务报告模式的实际运作中遇到的困难重重，但只有突破当前的局限

---

① 陈辉：《新经济时代财务报告的发展趋势》，载《企业研究》2012 年第 14 期，第 102 页。

性，才能取得更好的发展前景。

一、传统财务报告存在的问题

（一）报告形式过于单一

传统的财务报告形式主要由四表一注①组成，主要包含文字和表格，以数据搭配文字的形式反映企业的经营状况。在新经济时代背景下的报告形式注重科技感的体现，信息的载体从传统的纸张和口述逐渐向高科技的办公软件转变，常用的表达方式有PPT展示和3D立体展示，在报告中不只是文字和表格，更多了视频和音频，通过更直观和感性的方式将财务报告清晰明了地展现出来。

（二）报告信息体现得不够完整

传统的财务报告只包含了对企业财务信息的披露，缺少了对其他非财务信息方面的体现，这就使公众很难了解企业的实际生产经营状况。从非财务信息中可以得到完整的企业发展情况，不仅能了解企业内部的管理模式和企业文化，也能了解企业在市场的经营状况和所占的市场份额。从非财务信息中会看出企业发展的脚步和方向，了解企业的历史并分析企业的未来发展的可能性。非财务信息通过企业内部人员和外部媒体的角度出发，客观地评价了企业，更完整地定义了企业。但由于非财务信息十分复杂又难以统计，外部的投资者和公众又不够重视，企业一般不会对这部分信息进行造假或者隐瞒。但非财务信息这些可以真实反映企业具体情况的客观信息数据因为与货币资金关联不大所以无法在传统的财务报告中体现，这些因素变相影响了投资者的决策和企业发展策略的制定，降低了财务报告的实用性。

（三）对财务预算帮助不大

传统的财务报告主要反映企业历史经营活动的成本和资金流动情况，以财务报表和数据的形式周期性地反映企业的财务信息，这种对资产和负债，成本和利润进行有效统计的财务报告只能反映企业过去经营活动的状况，在这些信息中不能体现在经营过程中产生的风险性，也忽略了很多不确定信息，对企业未来的财务预算没有实质性的帮助。由于企业经营过程中的投资决策和项目开发中产生的经济问题无法完全在财务报表中体现，这就导致了在未来的财务预算中不能估计未来的经营风险，也就无法制定相应的财政措施。

---

① "四表"指资产负债表、利润表、所有者权益变动表、现金流量表；"一注"指财务报表附注。

(四) 很少与社会发展结合到一起

传统的财务报告中很少与社会发展联系到一起，在财务报告中只是体现了企业的发展状况，获取了多少社会融资和运用在多少项目中，但很多吸引了很多社会财富的企业没有很好地为社会进行有效的服务，没有企业的社会责任发挥到最大化。一些既有的社会问题例如企业对环境保护的责任问题、下岗职工再就业的问题和支援贫困地区等没有得到解决。企业财务报告应该将重点落实到社会中经济主体的企业定义上，在实现经济效益最大化的同时，关注社会问题，并以服务社会为理念，互利共惠地维持企业和社会的良好合作关系。

二、新经济时代财务报告的改进对策

(一) 采用新兴的财务报告形式

在新经济时代背景下的财务报告应该体现特有的现代感，以多样化的展现形式去服务社会投资者和财务信息的使用者，新兴财务报告的模式在沿用传统四表一注模式的同时，不仅要从形式上突破传统固有的思维，以更加直观的 PPT 和 3D 展现，还要将单一化的信息转变为多元化的信息呈现。在模式上变动较大的一点就是将利润表中的完全成本法与变动成本法结合到一起统一使用，这种做法不仅体现了企业实际经营活动中的利润效益，也能够高效快捷地计算出实际成本。新的报告模式可以使利润的来源更加清晰，使企业的管理者和投资者能够全方位地了解企业。

(二) 积极完善企业整体信息

新经济时代背景下的企业越来越重视财务报表之外的表外非财务信息，在市场经济不断变化的当今很多数据和消息无法体现在财务报告中，所以企业为了吸引外部投资者并稳定股东的信息必须通过其他方式展示企业的综合实力。企业可以通过对表外非财务信息的公示运用非货币计量单位的实际财务信息作为未来发展的基本核心和参考依据。非财务信息的实际披露更有助于企业进行各项经济活动衡量的标准。作为企业管理者和从事财务报告的相关工作人员应该认真研究非财务信息的收集和整理，在实际经营活动中不断完善企业的整体信息。

(三) 使财务报表切实为财务预算服务

企业财务报告的目的就是为了加强财务预算的准确性和真实性，完善财务预算的制定可以加速企业财务会计报告的发展，这两点是相辅相成、互相促进的关系。良好的财务报告体系可以促进财务预算的进一步发展，同时影响市场中所有企业的资金流，促进资本市场的发展与完善，并且重新配置企业的多余的资源。

财务报告与财务预算的共同配合可以将企业提供的预测性信息汇总，贯彻政府对资本市场的发展规定和规划方向，企业未来的预算制定离不开市场经济的基本原则。财务报告需要有前瞻性，在报告中体现未来的财务策略，为预算的制定提供有效的帮助。决策离开不对未来的预测，而财务报告起到的作用就是将未来的经济风险降到最低。

（四）与社会发展相结合

企业的财务报告应该有相应的社会责任信息的披露企业需要将员工的利益和企业在社会公众中的形象体现在报告中。企业需要维护社会形象，这不仅仅有利于企业的发展，也有助于社会的和谐。企业管理者在进行经济决策的时候应该参考企业所从事的经营活动对社会造成哪些负面的影响，并尽量将不可控的风险降到最低。财务报告中的社会责任部分是作为企业的基本道德责任，以团结互助的精神完成我国经济的可持续发展。新经济时代背景下的企业的经济活动必须将企业利润与社会责任有机地结合到一起，为企业争取公众的良好口碑。企业在发展的同时要参考其消耗的人力、物力和环境资源，并做出相应的弥补措施，这些数据都需要体现在财务报告中。

总之，在新经济时代中，我国企业的财务报告体系还有待完善，只有坚持以新兴的财务报告形式完善企业整体信息，使财务报表切实地为财务预算服务，并与社会发展结合到一起，企业才能在经济浪潮中顺势而行，得到长远的发展。

第五章 新经济时代财务战略管理解析

第一节 财务战略管理的基本理论

一、财务战略管理的特征及内容

财务战略管理，或称战略财务管理，指的是对公司财务战略或战略性财务活动的管理，它既是公司战略管理的一个不可或缺的组成部分，也是公司财务管理的一个重要方面。因此，公司财务战略管理具有战略管理和公司财务的双重属性，是它们二者相融合的产物，是财务管理为适应新形势下的企业战略管理模式的进一步发展。公司财务战略管理是围绕公司财务战略的制定、实施、控制和评价而展开的。

（一）财务战略管理的基本特征

财务战略管理具有以下几个方面的基本特征。

第一，财务战略管理的逻辑起点应该是企业目标和财务目标的确立。每一个企业客观上都应该有一个明确的经营目标以及相应的财务目标，以此来明确企业的总体发展方向，为企业的财务管理提供具体的行为准则。只有明确了企业目标和财务目标，才可以界定财务战略方案选择的边界，将财务战略管理尤其是财务战略形成过程限定在一个合理的框架之内，选择适合企业自身的财务战略。

第二，财务战略管理以环境分析为管理重点。分析战略环境是制定财务战略的客观基础，需要通过企业内外部环境分析，找出关键战略要素。企业制定战略以外部经营环境的不确定性为前提，企业必须关注外部环境的变化，同时结合公司内部环境如财务资源、组织结构、企业文化等，根据变化调整战略部署或采取有效的战略方案，充分利用有限的经济资源，保证企业在动荡的环境中生存和发展。

第三，财务战略管理是一个连续不断的过程。与企业战略管理的其他方面一样，财务战略管理也并非仅指财务战略管理方案的形成，也包括财务战略方案实施、控制与评价。广义的财务战略形成过程已经包含了财务战略评价，因此，财务战略管理是一个具有持续性的动态过程。

（二）财务战略管理的主要内容

现代企业财务管理的主要内容包括筹资、投资及收益分配。筹集资金是企业财务活动的起点，投资使用资金是财务活动的关键，回收和分配资金是财务活动的归宿。基于此，企业财务战略管理的主要内容包括筹资战略管理、投资战略管理及收益分配战略管理。

1. 筹资战略管理

筹资战略管理主要是明确企业筹资的指导思想，制定筹资战略目标，确立筹资规模、渠道和方式的战略选择，安排优化资本结构的战略方案，并制定为实现筹资战略目标所采取的相应对策并进行风险控制。

筹资战略管理重点关注资本结构优化战略。资本结构是决定企业整体资本成本的主要因素和反映企业财务风险程度的主要尺度。科学地进行资本结构优化决策，可使各种资金来源和资本配比保持合理的比例，达到资本结构平衡，如资金规模、财务人员配备、财务机构的协调平衡，自有资金和借入资金的动态平衡，资本总额中流动资金占用的平衡和固定资本中各种固定资产的资金占用的平衡，财务指标体系各指标数值之间的平衡等，从而保证财务系统长期良性运行和企业可持续发展。

此外，在战略筹资风险控制方面，企业应总体防范和控制负债经营风险。正确认识、客观评价负债经营的利弊，根据市场需求和经济环境的发展变化，结合企业生产经营对资本的实际需要和财务状况，把握负债经营的适度性，有效实施负债经营战略，是成功运作资本、持续稳定发展企业的关键；企业还应阶段性控制筹资风险，包括事前控制，即做好财务预测和计划、确定资本结构；事中控制，即持有合理的现金储备、强化存货管理、提升存货周转率、加速货币资金回收；事后控制，即分析筹资过程，为日后筹资活动提供指导意见。

与传统筹资管理相比，现代企业筹资战略管理具有以下两个方面的突出特点。

第一，其指导思想除了筹集日常经营业务正常的资源需要外，重点确保并最大限度地满足企业培育与提升核心竞争力所需资源的种类与数量，这就使得战略筹资行为更具针对性、实效性和长远性。

第二，战略筹资的对象从以传统筹资为主转向以资本筹资和无形资产筹集为主，战略筹资的方向和渠道应从以国内市场为主过渡到以国内市场和国际市场并重，这样更有利于筹集并运用各类资源来培育与提升核心竞争力。

2. 投资战略管理

投资战略管理主要明确战略投资总规模、总方向、结构搭配、战略投资效益评价标准以及实现战略投资目标的主要途径，是企业的资源配置战略。

投资战略管理重点关注资本投资战略。资本投资战略决定着企业能否把有限的资金和资源合理配置并有效利用。主要包括：固定资产投资方向、企业规模和资本规模的确定；用于外延扩大投资，还是用于内涵扩大投资；用于老产品改造，还是用于新产品开发投资；自主经营，还是引进外资联合投资；自有资金投资，还是贷款负债投资；固定资产与流动资产投资比例决策；有风险条件的投资战略决策；通货膨胀条件下的投资战略决策等。资本投资战略主要是投资的经济规模和投资收益性。规模投资、规模经济、规模效益三者之间是相辅相成的，是一个循环的经营活动过程。企业在制定投资规模的财务战略时，要研究和应用规模经济原理，综合运用最佳生产曲线成本函数、市场需求函数、最佳收益函数等现代经济理论模型，探索最佳的企业投资规模，取得最佳的投资效益。

与传统投资管理相比，现代企业投资战略管理具有以下两个方面的突出特点。

第一，投资方向明确，主要投向有利于提高企业核心竞争力的项目。

第二，将人力资源、无形资产、风险投资作为重点，而不像传统投资以固定资产投资、金融投资和营运资本管理为重点。在知识经济时代，加大对以知识和技术为基础的专利权、商标权、商誉、软件等无形资产和以人才开发和引进为主的人力资源的投入力度是企业增强核心竞争力的有力保障。此类无形资产投资属风险投资范畴，风险投资具有风险大、投资回收期长的特点，因此，战略投资也应将风险投资作为管理的重点之一。

3. 收益分配战略管理

主要研究解决战略期间内企业收益如何分配的重大方针政策等问题。如股利战略目标、是否发放股利、发放多少股利以及何时发放股利等重大问题。与传统收益分配管理相比，现代企业收益分配战略管理具有以下两个方面突出的特点。

第一，收益分配战略的制定以投资战略和筹资战略为依据，最大限度地满足企业培育与提升核心竞争力对权益资本的需要。

第二，积极探索知识、技术、专利、管理等要素参与收益分配的有效办法，制定有利于引进人才和人尽其才的收益分配政策。

二、财务战略管理与一般财务管理的关系

（一）财务战略管理与传统财务管理的区别

1. 以实现长期利润和获得竞争优势为目标

传统财务管理以实现成本与费用最小化、公司利润最大化为目标，并将这一目标贯穿

到财务预测、决策、计划和预算管理之中。战略财务管理则更具有战略眼光，它关注公司的未来发展，重视公司在市场竞争中的地位。因此，它以公司扩大市场份额、实现长期获利、获得竞争优势为目标。这是财务战略的一个重要特点。公司财务管理的直接目的是获取资本最大增值盈利，但是在不同的经营理财观念下，衡量利润的标准是不同的。在传统理财观念下，衡量公司经济效益的一个唯一标准是利润，这实际上是一种短期的发展战略。财务战略管理强调企业的长期发展，不注重每一笔交易都赚钱，在评价财务战略管理成果中也不是只用利润这一衡量标准，而是以产品的市场地位、市场占有率、投资收益率来全面地衡量产品满足顾客需求的程度，衡量公司的获利能力。就是说，公司贯彻长期利润观念，按照战略财务导向从事资本经营，必须具有高瞻远瞩的敏锐目光，树立长期、全面的财务战略目标，不计较一时的利润得失，而注重公司在一个较长时期内的平均利润；不是追求最高的投资利润率，而是追求能伴随公司良好发展的适度的利润率；不能通过单纯地追求销售量来获取利润，尤其不能从追求短期的销售量来获取利润。

2. 实行产品全寿命周期成本管理

财务战略管理将成本涵盖到生产经营的全过程进行管理，即产品全寿命周期成本管理，包括：①生产经营成本，它是实现目标利润所限定的目标成本；②用户购物成本，用户购物成本不单是购物的货币支出，还包括购物的时间耗费、体力和精神耗费以及风险承担（指用户可能承担的因购买到质价不符或假冒伪劣产品而带来的损失）。

值得注意的是，近年来出现了一种新的定价思维。以往公司对于产品价格的思维模式是"成本+适当利润=适当价格"，财务战略管理的思维模式则是"消费者可以接受的价格-适当的利润=成本上限"。也就是说，企业界对于产品的价格定义，已从过去的由厂商的"指示"价格，转变成了顾客"可接受"价格。本书把这看作是一场定价思维的革命。新的定价模式将用户可接受的价格列为决定性因素，公司要想不断追求销售增长最大化、销售收入最大化或销售利润最大化，就必须想方设法降低成本。

3. 以外部情况为管理重点

传统财务管理以公司内部情况为管理重点，提供的信息一般仅限于一个财务主体内部，如净现值、现金流量、成本差异等。财务战略管理则以公司获得竞争优势为目的，把视野扩展到公司外部，密切关注整个市场和竞争对手的动向，提供金融市场和资本市场动态变化情况、利率、价格、市场占有率、销售和服务网络、顾客满意度、市场购买力、宏观经济发展趋势、宏观经济政策等信息，分析和预测市场变化的趋势，通过与竞争对手的比较分析来发现问题，找出差距，以调整和改变自己的竞争战略，做到知己知彼，百战不殆。

4. 提供更多的非财务信息

传统财务管理提供的信息基本上都是财务信息，以货币为计量尺度。财务战略管理提供的信息不仅包括财务信息，如竞争对手的价格、成本等，更要提供有助于实现公司战略目标的非财务信息，如市场需求量、市场占有率、产品质量、销售和服务网络等，而且非财务信息占有更为重要的地位。提供多样化的非财务信息，既能适应公司战略管理和决策的需要，也改变了传统财务比较单一的计量手段模式。

5. 运用新的业绩评价方法

传统财务管理的业绩评价指标一般采用投资报酬率指标，只重结果，不重过程，忽略了相对竞争地位在业绩评价中的作用。而财务战略管理主要从提高竞争地位的角度来评价业绩，将业绩评价指标与战略管理相结合，根据不同的战略，确定不同的业绩评价标准。为了更好地在公司内部从上到下传达公司的战略和目标，财务战略管理的业绩评价需要在财务指标和非财务指标之间求得均衡，既要肯定内部业绩的改进，又要借助外部标准衡量公司的竞争能力，既要比较公司战略的执行结果与最初目标，又要评价取得这一结果的过程。

6. 以战略目标为预算编制的起点

传统财务管理的预算编制着眼于初期的内部规划和运作，以目标成本、费用、利润作为编制预算的起点，所编制的销售、生产、采购、费用等预算与战略目标没有任何关系，有时甚至与战略目标背道而驰。战略财务管理则围绕战略目标编制预算，以最终取得竞争优势。反映顾客、竞争对手和其他战略性因素，其预算所涉及的范围也不局限于反映顾客、竞争对手和其他战略性因素，及其供、产、销等基本活动，而要把人力资源管理、技术管理、物流服务等供应链、价值链活动都纳入预算管理体系之中。

（二）财务战略管理是一般财务管理的发展

近百年来，财务管理作为一门独立学科，在企业管理中始终扮演着重要角色。虽然财务管理的理论与方法一直不断发展，并取得了一定的成果。但不容忽视的是，现代企业经营环境的重大变化和战略管理的广泛推行，对企业财务管理所依据的理论与方法提出了新的要求与挑战，传统财务管理理论与方法已不能适应当今企业战略管理的需要。因此，无论从理论层面还是从现实层面来看，跳出固有财务管理思维模式，顺应战略管理的发展动态，对企业财务管理的理论与方法加以完善和提高，从而上升到财务战略管理的新阶段，都是一种历史和逻辑的必然发展，是战略理论、财务管理理论和企业理财环境综合发展与共同作用的必然结果。

我国企业的发展，经历了从粗放式管理到精细化管理的过程。为了与企业的每一个发展阶段的实际相适应，财务管理的重心和特点都不一样，基本上可以划分为资金收支性财务管理、效益性财务管理和治理性财务管理三个阶段。三个财务管理的发展阶段都是与企业的实际发展情况紧密相联的，对当时企业的发展做出了贡献。但这三种财务管理模式都只是从专业角度来看待财务管理工作，而没有将财务管理放在整个企业发展的大局来看。

企业的内外环境是企业财务管理活动赖以进行的基础和条件，财务管理不可避免地要受到企业环境的影响和制约。无论是企业外部的政治、经济、法律、社会、生态、技术等方面的变化，还是企业内部的生产、组织、人员等方面的变化，都对企业财务管理有着直接或间接的有时甚至是非常严重的影响。能否把握住环境变化的趋势，趋利避害，已成为企业财务管理成败的关键。因此，企业财务管理要善于审时度势，以弄清企业环境的状况和变化趋势为出发点，把提高财务管理工作对环境的适应能力、应变能力和利用能力放在首要位置，从战略的高度重新认识财务管理，以战略的眼光进行财务管理工作。许多企业之所以陷入资金周转不灵、经济效益不佳的境地，就是因为对环境变化所产生的威胁不够重视，不能及时应变。

第二节 财务战略管理的实施流程

公司战略运行过程是由一系列在时间上和逻辑上相互连接的环节构成。战略管理就是用科学的方法组织和指导每个环节的工作。一般而言，战略管理包含四个基本模块：环境分析、战略制定、战略实施、评估与控制。财务战略作为公司战略的一个组成部分，在其实施的过程中必须考虑公司战略的总体要求，即企业战略是财务战略的基本决定因素，因而后者也应该采用与公司战略类似的程序。据此，可将财务战略管理的基本过程表示为以下方面。

一、财务环境分析

环境分析是从外部与内部环境中监测、评估和提取信息，交给公司的关键人员。外部环境包括机会与威胁的变量，它们存在于公司外部，而且，一般说来，公司高层管理者在短期内无法控制。这些变量组成了公司的理财环境，包括政治法律环境、社会技术环境、经济生态环境等。公司内部环境也包括优势和劣势的变量，它们存在于公司内部，通常是公司高层管理者在短期内无法控制的。这些变量组成了公司的工作环境。它们包括公司的财务资源、产业及价值链、组织结构以及企业文化等。

环境分析是财务战略管理的重心和难点。任何财务管理都离不开一定的环境分析，不适应环境要求的财务管理难以取得真正的成功。然而，对于公司财务战略管理而言，环境分析的重要性非同一般。具体表现在以下四方面。首先，财务战略管理的环境分析不是针对"过去"和现在，而是面向未来，且往往需要尽可能延伸到较为长远的未来。作为社会的一个微观主体，公司对未来环境的分析和预测是颇具挑战性的。其次，从公司顺利发展的愿望出发，公司战略以及公司财务战略需要保持相对稳定，然而，环境的多变性又会迫使公司动态地调整财务战略。所以如何恰当地处理环境的多变性与财务战略的相对稳定性之间的关系，是公司财务战略管理环境分析的又一难题。再次，公司财务战略管理中的环境分析不可能只是单项环境分析，还必须是综合环境分析；不仅要分诸如政治、法律、社会文化、经济等宏观环境，而且还必须认真分析产业、供应商、客户、竞争者以及公司内部因素等微观环境。最后，财务战略管理环境分析应特别强调动态分析。它虽然也关心某一特定"时点"的环境特征，但更为关心的是这些环境因素的动态变化趋势。如果缺乏动态分析，公司财务战略方案的调整将变得十分被动。

上文论述表明，企业财务环境是由若干环境要素构成的一个有机系统，财务环境分析过程中应该综合考察该系统的各个构成要素，只有这样才能对企业所面临的理财环境做出全面、科学的判断。

二、财务战略制定

本步骤通常包括两项工作内容：目标体系的建立与财务战略的制定。

（一）建立目标体系

财务战略管理的基本目标是实现股东价值最大化（或企业价值最大化）。为了切实实现这一基本目标，就有必要将其予以具体化，从而增加该目标的可操作性。这一基本目标具体化的表现形式就是一个完整的目标体系，该体系由一系列的指标组成。该目标体系构成了财务战略制定的直接依据。

目标体系的建立必须解决两个问题：其一，目标体系的内部结构；其二，具体指标的选择与优化。所谓目标体系的内部结构，是指目标体系中不同性质指标的具体构成。根据指标的不同性质，可以将指标分为两类：滞后指标与前置指标。滞后指标反映的是过去行为的结果，财务指标属于滞后指标。前置指标反映的是企业未来绩效的动因，这一类指标有顾客满意度、市场占有率、员工满意度、信息的可用性及协调等。财务指标用来衡量企业财务业绩，而财务业绩体现着企业价值的创造。但是，财务指标也存在局限性，它在描述企业未来走向时无能为力。因此，在财务目标体系中，财务指标是必不可少的，但同时，仅有财务指标又是不够的。为了将企业短期价值的创造与长期价值的创造有机地结合起来，就有必要将反映企业未来绩效动因的前置指标添加到财务目标体系之中。因此，财务目标体系由滞后指标（财务指标）和前置指标共同组成。

在财务目标体系的结构方面，平衡计分卡提供了一个有效的框架。平衡计分卡是一个根据企业的战略要求而精心设计的指标体系。平衡计分卡用未来绩效动因或前置指标来补充财务指标或滞后指标。这些指标均来自企业的战略。围绕企业的远景与战略，平衡计分卡包括四个维度：顾客维度、内部业务流程维度、学习与成长维度以及财务维度。不同的维度对应着不同的指标。借助于平衡计分卡工具，可以将指导财务战略制定与实施的目标体系划分为四个子系：顾客维度系、业务流程维度系、学习与成长维度系以及财务维度系。每个子系又由一系列的指标构成，这些指标最终构成一个完整的目标体系。在这一目标体系中，财务维度指标系（财务指标）是企业的最终目标，财务维度的指标为另外三个维度指标的选择奠定基础。在设计顾客、内部业务流程和员工学习与成长维度的指标时，必须确保这些纳入的指标有助于改善财务成果和实施财务战略。由于不同企业管理者有着不同的管理哲学，因此，不同的企业可能会形成形式各异的目标体系。

（二）制定财务战略

财务战略目标体系一旦被确立，下一步的工作便是财务战略的制定。不同的公司及其管理者制订战略计划的方式不尽相同。在小型企业，战略制定通常并不规范，往往来自管理者个人的经验、观点和看法、口头的交流和辩论。不过，大型公司往往会制订更正式、更详尽的战略计划。在制定战略时，通常收集大量的数据，进行大量的形势分析，对特定的问题做深入的研究，最终制订出战略计划。

管理者使用的基本战略制定方式大致有以下四种，这四种战略制定方式同样也适用于财务战略的制定。

1. 卓越战略家方式

在这种方式下，高层管理者充当首要战略家和首要企业家的角色，对形势的评价、待探索的战略选择以及战略细节等方面施加强大的影响。但是，这并不意味着该管理者承担了其中的所有工作，事实上，该管理者个人成为战略的首席"工程师"，发挥前摄性作用，规划出战略的部分或全部层面。

2. "委任他人"的方式

在这种情况下，负责的管理者往往将战略制定的部分或全部任务委任"他人"——可能是一个由其下属组成的小组，可能是一个跨职能部门的任务小组，也可能是一个对某一具体过程或职能有权力的自治工作小组。然后，管理者个人则跟踪战略审查的进度，在恰当的时候提供指导。虽然在这种方式下，战略委托人可能对递呈上来等待批复的战略提议中的各个层面几乎不施加什么个人影响，但是他还必须做一项综合的工作，将"别人"制定的各个独立的战略要素协调整合起来，制定战略中没有委托的部分，还必须对下属的战略制定工作的有效性负最后的责任。这种战略制定方式可以吸引公司人员的广泛参与，汲取众多管理者的智慧，同时，它还使管理者在选择来自公司底层的战略观点时保持部分灵活性。

3. 合作方式

这是一个中间道路，管理者在制定战略时获得同人及下属的帮助和支持，最后得到的战略是参与者联合工作的结果。合作方式最适合下列情形：战略问题涉及多个传统的职能领域和部门组织，必须从有不同背景、技能和观点的人身上充分挖掘出战略观点和解决问题的技巧，战略制定时让尽可能多的人员参与并赢得他们对战略执行全力支持的承诺。担负制定战略责任的人可以让担负实施战略责任的人来充当，让战略实施责任人参与战略的制定，可使战略的实施更有效率。

4. 支持方式

在这种方式下，管理者所感兴趣的既不是亲自参与战略制定的各个细节，也不是担任一个费时的角色，而是通过参与式的"集体智慧"的方式来制定战略。支持方式鼓励组织的个人和团队通过自己的努力制定、支持并宣传及实施组织的战略。在这种方式下，公司战略的许多重要部分都来自"做的人"和"快速跟踪者"。执行经理人员扮演评判员的角色，他们对那些需要得到他们批准的战略提出建议并进行评审。这种方式在那些大型的多元化经营公司很有效，因为在这种公司中，公司的首席执行官不可能对各个业务部门制定出来的战略部分亲自进行协助。总部的执行经理要想利用组织中那些能够洞察出他们所不能洞察出的战略机会的人员，就必须把制定战略的一些主动性下放给业务层次的管理者，总公司层次的管理者可以清晰地阐述一般战略主题作为战略思维的指导原则，但是卓越的战略制定工作关键是激励并奖励热情的支持者所洞悉出来的各种全新的战略行动。他们或许会深深地了解某个机会，认为必须追寻这个机会。在这种方式下，总战略最后会成为组织中支持被宣扬的战略行动的集合，并且得到组织上层经理人员的批准。

（三）财务战略制定的"四因素"模型

公司管理者所采用的上述四种战略制定的基本方式都有优点和缺点，它们分别适用于不同的情形。但是，不论运用哪种方式制定财务战略，都必须同时考虑到四种约束力量：企业的生命周期、公司战略、公司财务领域以及财务战略目标。只有同时考虑上面四个因素之后制定的财务战略才可能是科学的、可行的。本书将这一战略制定模式称为财务战略制定的"四因素模型"（图5-1）①。

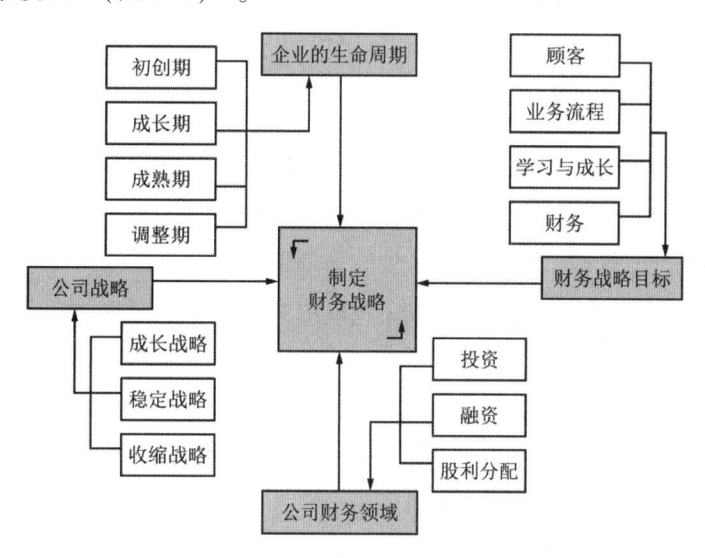

图 5-1　财务战略制定的"四因素"模型

（四）财务战略生成矩阵

根据上面财务战略制定的"四因素"模型，在制定财务战略时，必须明确区分企业发展的各个阶段，并将各阶段财务战略的制定与本阶段的特征相联系。企业生命周期与公司战略存在着明显的对应关系，具体情况如表5-1所示。

表 5-1　企业生命周期与公司战略

企业生命周期阶段	公司战略
初创期	稳定战略
成长期	成长战略
成熟期	稳定战略
衰退期	成长战略或收缩型投资战略

表5-1表明，公司战略与企业生命周期阶段存在内在的对应性，一般而言，企业战略必须与企业所处的生命周期阶段相适应，否则，相关战略是很难推行的，事实上，这正是战略环境适应性的内在要求及其现实表现。与此类似，公司的财务战略也必须与企业生命

---

① 黎精明等：《财务战略管理》，经济管理出版社2017年版，第48页。

周期阶段相适应，通过将公司财务战略与公司战略予以匹配，便可以揭示企业生命周期阶段与其投资战略之间的对应关系（表5-2）。

表5-2 企业生命周期与公司投资战略的匹配

企业生命周期阶段	投资战略
初创期稳定型	投资战略
成长期扩张型	投资战略
成熟期稳定型	投资战略
衰退期扩张性	投资战略或收缩战略

筹资战略和股利分配战略同样受到企业生命周期的影响。具体而言，筹资战略和股利分配战略的制定必须考虑到企业生命周期不同阶段的风险特征。其中，企业生命周期与经营风险之间的相互关系如表5-3所示。

表5-3 企业生命周期与经营风险

企业生命周期阶段	经营风险程度
初创期	非常高
成长期	高
成熟期	中等
衰退期	低

既然在产品的整个生命周期里，经营风险在不断降低，如果没有公司股东和债权人完全不能接受的综合风险产生的话，随着经营风险的降低，企业的财务风险必然会相应增加，这就是"经营风险和财务风险反向搭配的原理"。根据这一原理，企业生命周期与财务风险之间的关系如表5-4所示。

表5-4 企业生命周期与财务风险

企业生命周期阶段	经营风险程度	财务风险程度
初创期	非常高	非常低
成长期	高	低
成熟期	中等	中等
衰退期	低	高

上述关系反映了一个重要的事实，即企业生命周期的不同阶段将透过不同的财务风险程度对公司筹资战略和股利分配战略的制定产生重要影响。

在企业的初创期，由于经营风险很高，所要求的财务风险自然便很低。因为权益融资具有低风险特征，因此可望通过向专业投资者发行股票的方式融资，因为他们了解公司所面临的高经营风险。这类资金在国外通常被称为"风险资本"。敏锐的风险投资家会建立一个专门向新兴产业投资的投资组合，他们要求每项投资都能够带来尽可能高的回报。这一类型的投资战略仍然集中于高风险项目，只是分散了单个项目的风险，它允许在产品生命周期的最初阶段向这些新崛起的公司投资，尽管投资可能完全失败。只要总的风险投资比例合理，就会为他们带来高回报，从而投资组合的整体回报率也会令人满意。换句话说，风险投资者要求的高回报只是由这类投资的高经营风险替换而来的。在本阶段，由于企业的现金净流量为负数，因此股东完全不可能期望从公司分配股利。如果公司这么做，那也是将股东的资本返还给股东自己而已。所以，那些新崛起的、由风险资本建立起来的公司股利分配率可能为零。所有的高期望回报都是以资本增值形式回报股东的。在现实生活中，公司要支付股利有一个简单的限制条件，公司必须有现金和可供分配的利润。而在初创期，公司的账面可能亏损，因此也就没有可供分配的利润来分配股利。

在企业的成长期，公司的现金流量最多只能维持平衡。由于风险投资所具有的固有特点，即一旦产品成功推向市场，风险投资者就着手准备新的风险投资计划，从而转向高风险投资，追求高额回报，因此，此时公司必须找到其他适宜的外部融资来源以取代原始注入资本，并为公司下一个阶段的发展提供资本储备。产品在高速成长阶段，经营风险仍然很高，相对的财务风险很低。这就是说，新的替代资本和增资融入仍然应通过发行股票融资。与风险投资者相比，这些股票投资者承担的风险要小一些，相应地，他们的投资回报就低一些。风险投资者为了成功地实现资本退出，即从原来的投资项目中抽出资本，最好的方法就是让初创的企业进入股票市场公开上市，股市上已有大量投资者正持币等待。在本阶段，由于现金净流量最多也只能保持平衡。因此，仍然不可能采取高股利支付政策，如果进一步考虑到这一阶段的扩张型投资战略，这一点就更明确了。当市场在快速扩张时，公司也试图提高其市场份额理性的投资者希望公司能抓住现有的快速成长机会，但是如果把现有的利润当作股利分配的话，做到这一点就很难了。

当企业进入成熟期时，企业的融资来源就会发生巨大变化。在这个时期，经营风险相应降低使公司可以承担中等财务风险。同时，也开始出现大量正的现金流量。这一系列的变化使公司开始可以举债经营而不单单使用权益融资。从理性投资者的角度考虑，他们认为，产品进入成熟期后能产生大量正的现金流量，因此这一阶段是最有吸引力的。所以投资者愿意向公司注入大量权益资金以谋求产品的进一步改良，从而扩大整个市场规模、提高公司自身的市场份额。不过，追加权益资金唯一合理的来源是运用公司取得的部分利润进行再投资。

一旦公司进入成熟期，股利政策就会发生变动。此时，公司的现金净流量为正值，而且数额巨大，但公司明智的融资选择主要还是债务融资。账上利润也很高并且相对稳定，完全能够支持公司采取高股利政策。但是，股利分配率提高了，而公司对其目前可盈利的项目进行再投资的机会却减少了。由于再投资增量水平降低，报酬递减规律很可能就起作用了。如果公司不能以股东要求的报酬水平将这些资本进行再投资，而是将这些资本留存于公司，那么股东财富就会受损。当可获利的再投资机会因为公司缺乏成长性而减少时，公司就把这些"多余"的资本当作股利分给股东，从而使股东财富最大化。

当企业进入衰退期时，强劲的现金净流量会减弱，利润会减少。但此时公司的自由现金流量可能会超过公司披露的利润。在成熟期，公司利润水平很高，现金净流量很高，从中可以支付高比例的股利。股利收入将占股东期望总回报的大部分比例，因为股价上涨期望相对较低。然而，一旦进入衰退期，未来公司会呈现负增长态势，结果公司不想进行再投资，只想保持现有规模。所以折旧费没有必要再用来重置公司正在消耗殆尽的固定资产。因此，公司的自由现金流量增加，从而就能向股东支付股利了。

三、财务战略实施

财务战略实施是通过财务政策的制定、行动计划与预算的编制把财务战略推向行动之中。

（一）制定财务政策

政策是把战略制定与战略实施连接起来指导决策的指南。公司运用财务政策确保所有的财务决策与行动支持公司的财务目标与战略。财务政策包括投资政策、融资政策以及股利分配政策。投资政策是公司管理层基于公司战略发展结构规划而对公司的投资及其管理行为所确立的基本规范与判断取向标准，包括投资领域、投资方式、投资质量标准、投资财务标准等基本内容。融资政策是公司高层基于公司战略发展结构的总体规划，它能确保投资政策及其目标的贯彻与实现。而确定的公司融资活动的基本规范与取向标准，主要包括融资规划、融资质量标准与融资决策制度安排等。股利分配政策的核心内容是在遵循股东财富与企业价值最大化目标的基础上，正确处理好税后利润在股利分配与留存收益之间的分割关系，主要包括剩余股利政策、固定股利政策、低定额加额外股利政策、固定股利支付率政策等。

（二）制订行动计划

行动计划是为了完成一个单项计划要进行的行动或步骤。它使财务战略转化为行动导向。财务行动计划重点包括投资计划、融资计划、购并计划以及公司重组计划等。比如，英特尔公司认识到，如果不能开发新一代的微处理器，公司便无法成长，于是，公司管理层决定执行一项战略行动计划：与惠普公司组成联盟，开发取代奔腾 Pro 的微处理器。

如何有效地聚合公司内部的财务资源，并使之成为一种强大的、有秩序性的聚合力，以内部高度的有序化来应对外部茫然无序的市场环境，是财务战略发挥对公司总体战略的支持作用的关键。这种有序的管理活动称为计划管理，其核心内容是制订行动计划。

（三）将预算与战略挂钩

当行动计划以定量的方式表现出来时即转化为预算，通常由业务预算、资本预算及财务预算等构成。此处的"定量"包括"数量"与"金额"两个方面。其中，"数量"反映了公司预算活动的水平以及支持这种活动所需要的实物资源；"金额"部分则由预算的数量乘上相关的成本或价值取得，主要反映预算活动所需的财务资源和可能创造的财务资源。可见，预算就是将公司的决策目标及其资源配置规划加以量化并使之得以实现的具有战略性的内部管理活动或过程。

财务战略的实施促使管理者进入制定预算的过程。公司的各个业务单元需要足够的预算以执行他们在财务战略计划中的任务；同时，增强现有能力和发展新能力也必须有大量的资金，另外，各个业务单元，尤其是那些负责进行战略关键性活动的单元，将必然要配备足够多的合适人员，并被给予足够的运营资金以熟练地开展工作，并且还必须有足够的资金以投资需要的运营系统、装备与设施。战略的实施者必须审查下属对新资本项目和更大运营预算的要求，区分出哪些将会有好的结果，因而战略实施会带来成本方面的效益且能够增强公司的竞争能力。而且，战略的实施者必须向上级提供一份具有说服力的、有依据的方案报告，以说明实施公司战略以及财务战略中他们承担的部分时须增加何种资源和竞争性资产。

战略实施者将预算的分配与战略需求相联系既能促进也可能阻碍实施过程。过少的资金会减缓和阻碍公司战略计划中他们的任务执行能力，而过多的资金会造成公司资源的浪费并降低财务业绩。这两种情形都要求战略实施者深入地参与预算过程，仔细地检查公司内部战略关键性业务单元的计划和预算方案。

战略的变动几乎总是需要预算资金的重新分配，在旧的战略中具有重要性的业务单元现在可能是规模过大且占用过多资金，而现在影响更大、作用更关键的业务单元可能需要更多的人力、不同的支持系统、新的装备、额外的设施和高于平均水平的运营预算。战略实施者需要积极地转移资源，削减某些领域的规模，扩大另外一些领域的规模，并给予在新战略中承担关键角色的活动以足够的资金支持。新战略的资金需求必须主导资本的分配模式以及每一业务单元的运营预算，如果对取得战略成功非常关键的业务单元和活动的资金供给不足，将会导致整个实施过程的失败。

四、绩效评估与财务控制

绩效评估与财务控制就是监测公司的活动与业绩，其目的是比较实际绩效与期望绩效。虽然评估与控制是财务战略管理过程的最后一个模块，但是，它能指出已执行战略规划的弱点，从而使整个战略管理的过程重新开始。评估与控制主要包括以下工作内容：①决定评估什么；②建立绩效标准；③测评实际绩效；④把实际绩效与标准绩效进行比较；⑤财务纠正措施。

第三节　不同生命周期的财务战略管理

一、企业生命周期的基本理论

（一）企业生命周期的内涵理解

企业是有机的生命体，其生命内涵可以从两个角度来分析：空间上，企业是由各种要素、资源或能力在结构上的不同安排，即构成企业有机体的那些物质的、社会的、文化的要素的有机结合；时间上，企业总是遵循着自身的规律，在开放的环境中通过投入产出不断地与外部进行物质能量交换，从而实现自身的目标。只有将企业存在的空间因素和时间因素相结合，才能形成企业这个有机的生命体。

企业就像生物有机体一样具有生命，并且存在着一个相对稳定的生命周期，即所有企业都会经历一个从低级到高级、由幼稚到成熟的生命规律，它们都有自己的初创、成长、成熟和衰退的不同阶段，每个阶段之间紧密相连，从而构成了企业完整的生命变化过程。这种企业初创、成长、成熟、衰退的过程就是企业的生命周期。

然而企业并不是真正的生物体，而是一个人造的有机体系统。生物体的生命是有限的，但企业是个人工系统，它的成长不一定遵从生物体自身的生命周期规律，体内也不存在使其必然死亡的固有因素，无论外部环境如何变化，生物体的寿命都不能突破其遗传基础所决定的潜在极限。而企业的生命周期既决定于企业内部因素，如核心能力，又决定于企业外部条件，如市场结构，是多种因素共同作用的结果。尽管绝大多数企业最终要死亡，但这并不意味着每个企业都具有死亡的必然性，因为企业还有许多非生物特性，可以通过各种方式来延缓死亡过程，保持其与环境的适应性，使其具有永续性，实现企业的可持续发展。

(二) 企业的生命周期阶段

企业像生命有机体一样具有寿命。如果企业只生产一种产品，那么这个企业必然有着和其产品一样的生命周期曲线。在以上众多的企业生命周期研究中，学者们一般都是按照企业的生存和发展阶段以及每个阶段伴随的特征及规律来进行研究。尽管不同的学者对于企业生命周期阶段划分的数目并不相同，但其内容论述却都表明企业的生存与发展总是有着大致相同的模式，即将企业的生命周期划分为四个阶段，依次为初创期、成长期、成熟期和衰退期。

1. 初创期

企业处于初创阶段时，知名度不高，资金不充裕，整个生产经营活动过程中出现的任何差错都可能导致企业的夭折。新产品开发的成败以及未来企业现金流量的大小都具有较高的不确定性，因此经营风险非常高。在这一阶段，初创者满怀抱负，组织系统虽不完善但具有活力，创造性和冒险精神充足，初创者之间团结一致，凝聚力强，但企业资本实力弱，产品品种少，生产规模小，盈利水平低，企业形象尚未树立。

2. 成长期

成长期企业的产品逐渐被市场所接受，销售能力增强，生产规模扩大，业务迅速增长，发展速度加快。但企业的经营风险仍然比较大，这主要是由于企业的市场营销费用增加，企业需要募集大量资金进行项目投资，但企业的现金流量却仍然是不确定的，且市场环境是多变的。因此，企业需要不断完善企业的管理制度、更新企业未来发展规划、提高企业对市场的应变能力，以保证企业的快速成长。在这一阶段，企业开始由小到大，实力逐步增强，企业的经济增长让初创者看到了希望，因而企业的组织活力、创造性和凝聚力不减。初创者也愿意为企业的未来发展冒一定的风险；企业注意重点发展有前途的产品，虽然盈利不多但增长速度较快，企业开始设法树立自身的形象。

3. 成熟期

企业的主要业务已经稳定下来，产品销售额保持稳定的水平，增长速度开始减慢。企业步入正轨，现金流量比较稳定，经营风险相对下降，管理制度趋于完善，企业价值不断增加。成熟期时企业利润的高低及其实现程度并不是取决于产品的价格，而是取决于产品的成本。因此，企业在成熟期时的成本控制极为重要。企业进入成熟期的切入点往往是几种重点产品成功地占据了市场甚至获取了优势地位，这时企业的形象得以树立，生产规模得以扩大，盈利水平达到高峰但增长速度放慢，企业逐步设立各种部门，组织体系趋于完备，但组织系统内的初创者之间开始产生矛盾，组织系统凝聚力被削弱；守成思想开始出现，企业创造力和冒险精神减退，因而组织活力显得不足。

4. 衰退期

由于竞争加剧，企业创新能力减弱，原有产品逐渐被市场所淘汰，销售额下降，而新产品却很难推出，企业业务发生萎缩，竞争能力下降。企业潜在的投资项目又尚未确定，因此企业容易走向破产。在这一阶段，企业走向衰老和消亡，企业资本虽多但资本负债率高，生产规模虽大但包袱沉重，产品品种虽多但前途暗淡，规章制度虽多但组织矛盾突出。

二、初创期企业的财务战略管理

（一）初创期企业面临的风险及特征

企业在初创期时会面临很多风险，由于技术、工艺不成熟，产品质量不稳定，销售渠道不完善，与供应商的合作关系不稳定，企业及产品在社会上没有知名度，市场份额不高，企业在生产及销售方面都会面临较大的困难。因此处于初创期的企业抗风险能力很弱。

从企业的生命周期来看，处于初创阶段的企业大多属于中小企业。经营中小企业并非单纯的管理问题，而是一种战略、一种崭新事物的创造。中小企业的生命力取决于社会对其产品和服务的需要过程及其自身满足需要的能力，同时，中小企业满足社会需要的能力又取决于其对社会需求的认识能力、从社会中获取资源的能力以及组织利用资源的能力。由此，要提高中小企业的生命力，就必须使中小企业提高内部的这些能力。也就是说，中小企业的生存和发展首先依赖于资金的投入，即为企业生产顾客预期将要购买的商品而预先垫付的资本投入，而且企业的资金期望能够也应该能够从将来的销售收入之中得到补偿。但问题是，在企业先行投入而垫付了资本、生产出产品之后，顾客或者消费者是否能够购买企业的产品还是个未知数，在市场竞争激烈的今天，这就存在着非常大的不确定性，所以，资本的投入要靠消费者的认可才会得到补偿。正如德鲁克所指出的那样，有关企业的使命只有一个，就是创造顾客。即对处于初创期的企业来说，持续地创造顾客是企业生存和发展的关键。因此，一般而言，处于初创期的企业生存与发展要依赖自身内部经营能力及外部环境。

1. 抵御外部环境变化的风险弱

初创阶段的企业受环境变化的影响程度更大，对环境因素的控制能力更弱。因为外部环境中有机会是企业创建的主要依据，企业处于初创期，生产经营活动具有较强的灵活性，一旦环境中出现好的盈利机会和生存条件，处于初创期的企业就会大量出现。创建企业需要投入的生产要素各企业之间并无实质性的差异，但结果却可能相差很大，一个重要原因是初创环境不同。处于初创期的企业在经营时间、经验及承受风险能力方面都比不上大企业，因此初创环境的选择对处于初创期的企业影响更大。相对于大企业来说，处于初创期的企业遭遇风险损失的概率要高得多，风险产生的直接原因是企业内、外部环境都不确定，但其初创者的冒险精神和行动是处于初创期的企业相对于大企业的一种优势。但也必然会由此而遇到较大的风险。由此可见，环境对处于初创期的企业竞争力的影响是直接的，环境变化更容易给处于初创期的企业的生产活动带来威胁，甚至造成企业破产。企业面临的风险环境有制度性因素也有非制度性因素。

从制度性的因素分析来看，第一，宏观政策对企业的发展有较大的影响。在经济高速增长时期，投资需求和消费需求旺盛，企业无论规模大小都有较好的机会，从而刺激处于初创期的企业盲目扩大生产规模，不注重提高产品的技术与质量水平，不注重降低成本。一旦这种高速度的增长难以为继，政府采取紧缩的宏观政策时，行业生产能力就会明显过剩，从而使行业内企业遭到较大的冲击，承受各方面压力的能力都比较薄弱的初创期企业更是首当其冲，导致部分企业难以生存下去。第二，金融机构投资不足是影响企业生存发展的又一重要制约因素。与大企业相比，处于初创期的企业的成长之所以经常处于困难的状况，主要制约因素之一就是金融机构的投资倾向。一般而言，金融机构都希望它们贷出的资金有资产担保，到期能够收回本金并能按照一定的利率收取利息。金融机构通常希望企业获得贷款后不久就能开始付息，由此，利息总是借款企业的重要现金支出。而一般处于初创阶段的企业不可能马上获得利润，这就使这些企业很难从金融机构获得资金支持。另外，金融机构之所以倾向投资于大企业，不愿给予处于初创期的企业资金支持也在于处于初创期的企业高死亡率所导致的企业财务信誉不稳定，这也是金融机构最为担心的问题。所以，与大企业相比，处于初创期的企业缺乏负债能力，负债筹资成本较高，迫使处于初创期的企业必须从别处获得资金。同时，处于初创期的企业不但向金融机构取得资金比较困难，而且还不能利用通常只有大企业才可能利用的长期资本市场。因此，当宏观经济紧缩的时候，处于初创期的企业发生财务危机的概率远远高于大企业。影响处于初创期的企业经营困难的非体制性原因是生产力发展的客观所致。比如，产业结构的剧烈变动经常给产业内企业经营造成影响。产业结构性调整是许多国家工业化进程中都不可避免的，并有其客观规律性。在经过一段较高增长时期之后，传统产业便面临结构调整，而调整幅度较大的产业往往又是陷入困境的传统产业，其先后顺序是煤炭行业、纺织行业、冶金行业、传统机械行业等，这些产业中的大企业可以依靠多年经营积累下来的资金通过转产及多角化经营战略渡过产业调整波动期，而处于初创期的企业则要受到较大的冲击。

2. 自身经营能力明显不足

第一，处于初创期的企业缺乏关键的管理人员。处于初创期的企业由于受其规模所限，分工较粗，企业大多由初创者本人经营，缺乏必要的经营管理经验、风险识别和处理，是非程序化的工作，仅仅依靠经营者个人决策，这是比较危险的。又因为企业在初创阶段受实力及信誉的限制，难以吸引受过良好职业教育、拥有丰富经验的职业经营管理人才，人才缺乏的结果是企业的管理水平跟不上企业成长的速度。这种情况也是处于初创期的企业高死亡率的重要因素。

第二，处于初创期的企业缺乏市场营销能力。受企业本身能力的限制，处于初创期的企业市场反馈渠道非常狭窄，不能及时获得市场需求变化的信息，因此，往往陷入寻找顾客的困惑之中。

第三，处于初创期的企业由于缺乏必要的资金，不能及时采用先进技术和先进设备、及时开发新产品。因此，处于初创期的企业不可能凭借资金等一般性的经营实力与大企业抗衡。

处于初创阶段的企业面临着巨大的经营风险，在没有做好充分准备的情况下，企业往往就会失去生存的机会。因此，新创企业必须警惕风险。

3. 资金不足

处于初创期的企业在其生产经营过程中面临的最大困难是资金短缺，这一点对任何国家或任何产业中的企业都是如此。正如前面所述，小企业难以获得资金的主要原因在于其"小"上，一方面，处于初创期的企业因其小而资产少，缺少资产抵押品；另一方面，处于初创期的企业多数处于初创阶段，经营时间不长，加上企业往往关心的是企业的生存及发展问题，忽视企业经营资料的积累，经常不存在详细的序列化的经营绩效记录，因此包括银行在内的众多投资主体难以衡量其经营状况，从而给人以投资风险大的印象。同时，从宏观形势来看，在经济不景气的情况下，人们的投资行为比较谨慎，处于初创期的企业难以获得资金；而在经济高涨时期，社会资金总体需求旺盛，往往超过资金的总体供给，处于初创期的企业也不容易获得资金。因此，处于初创阶段的企业资金短缺问题是全方位的。

第一，企业初创之时初始资本投入不足。初创伊始企业初创者所能开发的筹资渠道非常有限，资金来源主要依赖其个人资本力量，又大多数采取独资或合伙的组织形式，因而企业在初创之初资本投入明显不够充足。

第二，资本积累能力差。企业成立之后，由于产品及市场等因素，处于初创期的企业一般来说收益水平低于大企业，再加上初始投资资本不足、规模较小，故资本增值无论就速度还是绝对额来讲都受到了限制。

第三，缺乏流动资金周转计划。新初创的企业只有在相当规模的顾客购买发生后才会有资金回流。由于处于初创期的企业缺乏专业管理人才，资金使用随意性大，又没有制定有关库存管理与资金结算方面的必要的内部控制制度，与此相关的资金周转效率不高，往往缺乏严密的资金调度计划。这种忽视内部财务管理的结果往往导致企业资金周转困难。

一般而言，企业在成功地初创之后，随着销售规模的变化，现金流要经过四个不同阶段。第一阶段是"入门"阶段，合同、顾客及企业声誉缓慢增长，销售增长率不高；第二阶段是"早期成长"阶段，这一阶段销售额增长率速度开始加快，要垫付大量资金；第三阶段是"成长"阶段，垫付资金开始流回企业，经过相当长的时间之后，累计现金余额才会消除赤字；第四阶段是"成熟"阶段，只有那些能渡过早期资金危机生存下来的企业才能达到这一阶段，这一阶段的特点是企业现金流充沛，销售水平开始稳定，企业进一步走向强大。

（二）初创期企业的财务战略取向

初创阶段的企业要想成功地生存并得以发展会遇到极大的风险。正因为它往往是在十分不利的条件下发展起来的，因而能够取得成功的企业倍加引人注目。对于处于初创期的企业失败，可能许多人将其归为资金不足，但根据上面的分析，实际上应归为缺乏企业经营能力及管理经验。资本不足的确是新创企业普遍具有的财务特征，但由于企业在初创过程中要经历一段收益低下的困难时期，才会有资本补偿的不及时，导致企业因资本枯竭而失败。所以，如果通过适当的财务安排，企业能够承受这段困难时期中较低的收益能力，就可以胜利地渡过这一难关。因此，这一时期主要焦点不是财务风险，而是经营风险。企业不能既要面对较大的经营风险，又要承担较大的财务风险。初创阶段的企业财务战略安排的原则应是关注企业的经营风险，不应再让企业承担较大的财务风险。

1. 投资战略取向

投资是企业为获得未来经济利益和竞争优势而将筹集来的资金投入到一定的事业或经营活动中的行为。企业根据总体战略对有关投资活动所做的全局性谋划就是企业的投资战略。企业投资是求得企业生存和发展的基本保证，又是实现企业总体经营战略的重要手段，从某种角度上说，企业战略的实质就是通过调整企业本身资金投入与配置状况来迎合外部环境所提供的各种机会。因此，投资是企业战略意图的一种重要表达形式，它的意义不仅在于使企业未来若干年内能获得更多的经济利益，更重要的是要体现企业的战略思想，注重企业长期竞争优势的培植和巩固。企业的投资行为必须具备战略思想，要能与企业的内外部环境状况和发展趋势相协调，使投资与企业整体战略的要求相一致。

（1）企业总体成长战略的模式

企业作为一个生物体，其成长所依据的基本条件是其内部力量的积聚。企业内部力量的积聚是企业投资的主要动因，企业投资活动实质上就是企业内部力量释放的一种表现形式。由于企业的内部力量是有限的，并且这种力量的积聚需要一个过程，所以，相对来说，企业拥有的力量往往具有相对稳定性，这就为企业针对自己特定的成长阶段制定长远成长战略提供了可能，使得企业能够根据自己的能力去制定成长战略。一般来说，企业在其成长过程中适用的战略模式是：集中战略、一体化战略、多样化战略、合资战略、国际化战略、紧缩战略、退出和清算战略。其中，集中战略是企业通过内部获得发展的战略；一体化、多样化、合资和国际化战略是企业从外部获得发展的方法；而紧缩、退出和清算战略则是企业在不利的环境下避免更大损失的方法。

多数企业在其成长过程中基本上遵循的是这样的顺序：在企业初创初期采取集中战略，因为初创阶段的企业注重的是生存和进行初步积累的问题，企业在市场中的权利处于空白，没有稳定的市场份额，因而需要开辟一个小范围的根据地市场。这个市场，或者是一个大市场中的一个细分市场，或者是一个小市场中的一块领域。企业在该市场中增加其主要业务的销售量，提高市场占有率，培养顾客对自己的感情。同时，企业还要不断地扩大经营地域范围，由细分市场逐步扩大到全国市场。当企业已不满足于单一业务结构时，其会选择一体化战略，以延长企业的价值链或扩大企业的规模，并实现企业的规模经济。但企业规模扩大到一定阶段，其力量的积聚需要通过各种途径予以释放的时候，企业会采取多角化经营战略，以实现企业的持续成长。上述八种战略是指导企业成长的主要战略模式。企业在不同成长阶段应适当选择其中的一种或几种战略。

（2）处于初创期的企业集中化投资战略的实现途径

集中战略是主攻某个特定的顾客群、某产品系列的一个细分区域或某一地区市场，重点投资于特定目标。以此，企业能够以更高的效率、更好的效果为某一狭窄的战略对象服务，并争取获得一种优势地位。采用该战略，能使企业专注于一项业务，企业目标、方向清楚明了，要求投入的资金有限，可以最大限度地发挥企业的能力，发挥资金效益，使企业获得稳定的发展。因此，该战略可以用来指导处于初创阶段企业的投资方向。所以，企业的投资取向有以下方面。

第五章 新经济时代财务战略管理解析

第一，开拓市场。初创阶段的企业采用集中战略首先应研究企业的市场在哪里，研究企业究竟应投资于何种目标市场。可供处于初创期的企业选择的市场投资战略是选择大企业无力染指或不愿染指的市场中某一夹缝市场。这样的市场必须满足的条件是：该市场有足够的规模和购买力，从而使涉足其间的新创企业有利可图；该市场有成长潜力并被大企业所忽视；涉及该市场的处于初创期的企业拥有其需要的技能和资源，可有效地为之服务。

夹缝市场的投资基点包括以下几个方面。一是依靠地区资源形成企业优势。初创阶段的企业可依靠本地区不适宜大企业发展需要的资源条件而求得生存和发展，地区资源包括本地区的自然资源、劳动力资源和资金资源，如依靠本地人力资源优势可以投资于资金需求较少的劳动密集型企业，通过不断扩大生产规模来实现企业的发展。二是根据产业结构变动寻求企业生长点。初创阶段的企业可以根据产业结构变动及当前产业结构某一方面的薄弱之处，投资于产业空缺或薄弱之处，使本企业成为产业联系中不可缺少的一部分，并以此形成局部优势，从而得到稳定的发展。三是依附于大企业以求寄生创市。大企业因为其雄厚实力和良好声誉，在市场中形成了产品偏好或品牌偏好，以致垄断了某些市场，新创企业无法与之抗衡。但大企业无论实力如何雄厚，这种实力是在专业化基础上实现的。因此，处于初创期的企业可以利用大企业的优势，顺势而为，投资能够与大企业进行专业化协作的生产开发领域，使企业得到相对稳定的供销渠道，发挥自己的专长，从而在一定程度上避开市场竞争的压力，突破自己在人才、管理、资金和设备等方面的制约。但要注意的是，选择了依附型寄生创市投资的战略，应注意"依附"与企业"成长"的关系，不能将生存方式理解为成长战略，要在依附企业的环境中又不失自身发展的主动权，要在适当时机转换生存发展战略，才能使企业得以成长。

第二，产品定位。初创阶段的企业采用了集中化投资战略之后就将市场锁定在特殊的顾客群体上，企业产品开发投资的重点就是任何能满足特定细分市场顾客需要的产品。集中战略的产品概念是具备特色的产品，企业应该了解自己锁定的顾客群所需的产品在哪个层次上，企业的产品及服务如何能满足他们的这些需要。产品投资的目标一定是将产品的特色转换为顾客需要，这样，企业的产品才能吸引顾客。因此，企业一旦选定了目标市场，就要在目标市场上进行产品市场定位，以根据顾客对产品某种特征或属性的偏好，强有力地塑造出本企业产品与众不同的个性或形象，并将这种形象生动地传递给顾客，以便确定企业产品在市场中的适当位置。

若使产品具有特色的市场形象，初创阶段的企业产品投资应注重四个方面：一是使产品实体具有特色，如在产品形状、成分、构造、性能等方面投资，树立产品的新特征，如我国有些酒业生产商在酒中加入一些药剂成分使酒具有保健功能，就是使产品具有特色的例子；二是从顾客消费心理上体现产品的特色，如根据企业目标顾客群的特征将产品定位于豪华、朴素、时髦、典雅等；三是在价格水平上实施产品定位；四是形成产品的质量差别，如服装制造商要做出其产品定位是高档时装还是普通服装，或者两者兼而有之的投资决策。企业在进行具体产品投资时，要注意了解同一细分市场内竞争对手的产品具有什么特色，还要注意研究顾客对企业产品的兴趣，然后对这两个方面进行分析，最后选定企业产品特色市场形象，从而完成产品的市场特征定位，为产品投资确定战略方向。

初创阶段的企业产品定位应该采取的方式是：首先，要避开强劲的竞争对手，不与大企业正面交锋，这样能够使自己迅速在市场上站稳脚跟，并能在特定顾客心目中迅速树立起某种独特形象，因而经营风险较小，成功率高；其次，若企业初次投放市场中的产品销路不畅，市场反应平淡，就应将产品重新定位，以摆脱困境，重新寻找产品新的增长点；最后，企业对产品进入市场的时机选择也非常重要。若企业依靠自己的能力进行产品投资开发而研制出具有特色的产品，并以此作为创建企业的基础，企业就应在该产品的市场处于空白之时抢先将其引入市场，这样比较容易抢占市场份额，获得价格优势，可以达到据此壮大企业的目的。反之，企业为了避免产品在引进阶段进入市场所需的大量研究开发投资和失败的风险，可将产品投资定位于模仿战略，即在市场已有产品的基础上通过创造性模仿和功能嫁接等投资方式生产出独具特色的产品，以满足细分市场的顾客需要。这种后发制人的产品投资方式最好选择最先进的技术、产品及管理经验，否则不仅影响自己的起点高度，还影响到今后的发展水平。因此，企业应以现在最先进的产品为借鉴，经过吸收消化、创新，发展成为自己具有独特性能的产品。一般说来，起点越高，越有利于自己发展。

第三，创新发展。创新是任何企业增强竞争力的重要途径，对于处于初创期的企业来说，创新更是用以战胜大企业、谋求发展的战略手段。同时，和大企业相比，处于初创期的企业创新绩效要优于大企业。

虽说处于初创期的企业在市场营销方面的机动灵活性，经营者具有旺盛的创新意识及企业内部沟通效率高等是其创新的明显优势所在，但在技术人才、外界联系、管理技能、资金等方面又具有明显的劣势。这些创新方面的优、劣势决定了初创阶段的企业不可能从事那些需要大量的资金投入和风险大的创新活动（如基础研究与发明、基本工序创新等），而主要从事那些风险较小的创新活动（如产品创新的仿造、产品或工艺的修正、小的技术改进等）和基于个人智慧的发明创造。因此，企业的创新活动投资应集中在那些创新活动活跃的行业，在这些行业中，处于初创期的企业创新绩效优于大企业。

2. 筹资战略取向

资金筹集是企业生存和发展的前提条件。一个企业在初创之时必须有一定的资金，在拥有资金的基础上，企业才能实现各种生产要素的有机结合，进而生产出市场需要的产品，借以取得收益。没有足够的资金支持，企业就难以按照企业战略的要求进行投资活动，导致企业资金匮乏，形成恶性循环。因此，企业能否发展下去，除了必须使产品满足市场需要外，还必须在资金市场上取得成功，即筹集到企业经营与发展所必需的资金。企业投资战略确定下来之后，接下来的工作便是制定企业筹资战略。筹资的目的是投资和发展企业，所以，企业筹资战略必须以企业战略和投资战略为依据，充分反映企业战略与投资战略的要求。但是，制定企业主体战略和投资战略时，也必须考虑企业的资金能力，要量力而行。

作为企业的初创者，其面临的比较棘手的问题就是如何获得开办和经营企业的足够资金。处于初创期的企业所有者可以直接控制企业的发展，控制企业内部资产重组、市场营销、产品开发等战略的实施，但是成功地筹措企业长期发展的资金却是另一回事。在很大程度上，资金筹措要依赖外部力量，比如宏观经济状况、金融市场的行情等，还有投资人和贷款人的意愿、企业未来的预期等更是对企业资金筹措有直接的影响。由于初创阶段的中小企业财务战略关注的焦点是经营风险，企业管理者要尽量降低财务风险，以保证企业有个稳健的生存条件。所以，企业筹资战略的原则应有以下两点。①实行稳健的财务杠杆比率。在企业初创阶段，负债筹资的风险很大，或者说债权人出贷资本要以较高的风险溢酬为前提条件，从而使企业的筹资成本很高。因此，最好的办法不是负债筹资，而是采用股权资本筹资方式。对于股权资本筹资，由于这一时期企业的盈利能力不是很强，甚至是负数，因此风险投资者将在其中起很大作用。风险投资者之所以愿意将资本投资于企业，不是想看到它现在的负收益，而是想看到其未来的高增长。从财务上考虑，由于这一阶段企业并无或者只有很少的应税收益，因此，即使利用负债经营也不能从中得到任何税收上的好处（无节税功能）。②建立自由现金储备。也就是说，企业必须建立牢固的财务基础，尽可能地增强企业的流动性，并进而提高企业的灵活性，这是保证企业生存和未来成长的重要战略措施。

3. 收益分配战略取向

从利润分配战略上看，企业在初创期的收益较低且不稳定，风险高，融资渠道不畅，资金成本高，留存收益对某些企业来说可能是唯一的资金来源，而留存收益的多少直接取决于企业的利润分配政策。因此，初创期企业多采取不分配利润的政策。若非派发股利不可，也应主要考虑股票股利方式。

（三）初创期企业财务战略管理的关键

1. 低财务风险战略

财务风险是指企业采用债务融资后要比无债务时引起股东收益（净利润）大幅波动的可能性。企业债务融资越多，财务风险越大。由于企业资产基本报酬率随市场等不确定因素变化而变化，而支付给债权人的利息是固定的，因此，当资产基本报酬率大于债务利率时，企业举债越多，企业从资产基本报酬支付固定利息后的剩余收益即利润将大幅增加，这也称为财务杠杆效应；当资产基本报酬率小于债务利率时，企业举债越多，企业从资产基本报酬支付固定利息后的净利润将大幅减少。企业债务融资后净利润的波动幅度比无债务时波动放大的倍数称为财务杠杆，财务杠杆越大表明企业财务风险越大。一般企业尤其是成熟期的企业通过适度举债产生的财务杠杆来提高股东收益率是必要的，但对于高经营风险的初创企业来说，大幅举债势必增加财务风险，使企业总风险更高，因此初创企业的负债经营将不利于企业稳健发展。

从外界风险投资者角度看，负债融资将增加企业的违约风险，导致初创企业出现财务危机，从而减少初创企业的投资价值，降低对风险投资者的吸引力。有时即使少量的负债也会导致初创企业发生严重的财务危机，最终造成经营失败，这是风险投资者所不愿意看到的。

从债权人角度看，初创企业的高经营风险，要么转嫁给债权人，使债权人望而却步，要么增加很高的风险溢价，以高利率贷给初创企业。从企业角度看，债务利率已经很高，尽管债务利息可以税前进入成本，但由于初创企业大都处于亏损之中，抵税作用几乎无法发挥，所以，债务融资的资本成本与吸收风险投资的权益资本成本不相上下，低资本成本的债务融资优点在初创企业中已基本丧失殆尽。可见初创企业应采用低财务风险战略，尽可能采用权益融资方式。

2. 零股利分配战略

初创企业由于处在创业阶段，在研究与开发、生产、市场开拓等方面都需要大量资金投入以维持企业现金流的正常运转，加快发展步伐是初创企业经营管理的重点，初创企业即使有利润也不向投资者进行利润分配。股利回报对于期望高收益的风险投资者来说没有吸引力。

初创企业需要不断的资金投入，这些资金主要通过权益融资取得。企业在吸收风险投资时，需要花费大量时间、经营者精力以及筹资费用，交易成本比较高，但如果使用内部融资方式，将企业净利润留存下来，可节省大量交易成本、时间，且使用更加灵活，因此，初创企业大多选择零股利分配策略。股利分配还受到有关法律的影响，我国《公司法》规定，企业必须有可供分配的净利润才可进行股利分配，处在亏损中的初创企业不能分配清算股利。有时股利所得与资本利得的纳税差异也是初创企业不进行股利分配的另一原因。此外，初创企业的经营者都拥有股权或股权期权，如果过多派发股利会降低股权价值，使经营者的期权收益受到影响。

总之，初创企业资金需求量大，企业在融资时应优先考虑内部融资方式即净利润留存方式，采取零股利分配战略，然后进行外部融资。外部融资又主要考虑权益融资方式即吸收风险投资，采取低财务风险战略，以与初创企业的高经营风险相匹配，即"低负债、低收益、不分配"的稳定成长型财务战略。

三、成长期企业的财务战略管理

（一）成长期企业面临的风险与特征

1. 成长期企业面临的风险

当企业步入成长期时，产品的定位与市场渗透程度都已大大提高，但是企业仍然面临较大的经营风险和财务压力。其原因主要存在于以下几个方面。

第一，不能敏锐地抓住进入一个发展前景更好的行业机会，或者不能集中力量，加快成长速度，在已进入的市场迅速扩大市场份额，从而丧失成长的良机。

第二，快速成长的企业容易掉入多头投资的陷阱。中小企业在其初创阶段能够生存与发展就在于其"小"的特征，但许多企业都希望能够扩大企业规模，实行多样化生产，致使企业盲目追求多角化投资，忽视自己核心能力的培育，结果导致其从成长跌入失败。

第三，未能很好地控制企业发展的规模，盲目贪大，使企业迈入"成长即意味着扩大规模"的误区，导致企业发展模式难以为继。

第四，快速发展的企业面临巨大的现金需求。由于新增项目的增加，各部门对项目的投资冲动，以及大量营销费用（如广告费）的增加，企业面临较大的资本需求。但从供应角度看，由于此时企业集团处于产品的市场开拓期，大量营销并没有带来大量的回款，应收账款被他人占用，从而形成巨大的现金缺口。

第五，技术开发和巨额的资本投入形成大量的固定资产，并计提大量的折旧，因此会计的账面收益能力不是很高，企业也很难利用负债筹资来达到节税目的。

2. 企业成长期的财务战略特点

企业进入成长期后的财务战略管理，必须全面地、客观地分析和掌握外部环境的变化和企业内部条件的优劣，把握企业成长期的特点。企业成长期的财务战略具有以下特点。

（1）长期性。企业财务战略是站在企业全局高度，以长远目标来谋划企业的财务活动，着眼点是企业长期、稳定的发展，其制定和实施应从资金方面保证提高企业的竞争力。因此，企业财务战略的长期性意味着它在较长时期会对企业资金运作产生重要的影响，对企业各种重大理财活动具有长期方向性的指导作用。

（2）综合性。首先，企业财务战略的制定和实施要综合考虑影响企业财务活动的内部、外部因素，主观、客观因素，以实现战略目标。其次，企业财务战略要以资金为工具，综合地反映企业预期生产经营结果，把企业的资金运动看作一个系统，从企业整体战略角度协调好系统内部的关系。

（3）风险性。处于成长期的企业，一方面，需要扩大生产；另一方面，需要加强营销管理，开拓产品市场。因为产品的销量、价格等市场因素对企业收益影响极大。尽管此时企业已经回收了一定的资金，但企业要不断扩大生产规模，对资金需求量仍很大，企业需要加强经营管理保证资金流正常运转。企业成长期财务战略应注重企业发展过程中的各种风险因素，强调在不确定环境下企业的适应能力和发展能力，有助于企业抓住机遇，避开经营陷阱。

（4）导向性。财务战略应具有鲜明的导向作用，企业的一切财务活动都应紧紧围绕财务战略实施和开展。财务战略是企业一切财务战术决策的指南。如企业资本结构问题，其战略决策应使企业在经营风险较大时保持相对较低的负债率，从而降低财务风险。因此，财务战略的目标定位必须依托企业整体战略发展结构规划，以谋求竞争优势和实现整体价值最大化目标。

（二）成长期企业的财务战略选择

成功地度过初创阶段的企业通过初创期的积累，形成了初步规模，有了一定的周转资金，在没有强大企业介入的细分市场中建立了较大的竞争优势，组建了一批员工队伍，拥有了一定的融资能力，为进入扩张阶段积蓄了力量。因此，如果说初创阶段企业是为了寻找或开辟一块生存领域的话，那么企业只有进入扩张成长阶段，才算是真正步入了企业成长的主干道。

1. 投资战略

企业扩张阶段的战略任务，就是谋求在市场中取得领先地位，由一个地方性或小行业内的企业，提升到强势企业的规模水平，拥有巨大的市场权势与影响，使企业的市场地位根基牢固，进而迈向大型企业的行列。为此，企业战略投资的重点有以下几点。

（1）培育企业的核心竞争能力

企业扩张就是要投身到市场竞争的大舞台中，扩展自己的能力。在市场竞争这个舞台上，所谓竞争优势就是参与竞争的企业在某些方面显示其高人一等的能力，展示那些独特的、别人难以在短期内模仿或赶超的比较优势，正是这些比较优势，使一部分企业能在竞争中脱颖而出。企业寻求利润的新成长点，基本上有两种途径，即把资源配置到更有吸引力的新的行业中去，或把资源更多投到自己有基础的特长领域中以进一步建立竞争优势。企业只有在市场中占据突出的主动位置时，通过行业选择来争取利润的战略思路才是有效的，而对于需要进一步扩张成长的企业来说，企业战略应更强调通过充分利用资源和能力来确定竞争优势以赢得稳定利润增长，以此达到企业扩张成长的目的。因此，所谓企业核心竞争能力是企业开发独特产品、发明独特技术和发明独特营销手段的能力。也就是说，尽管企业的能力是多样化和多层次的，但市场竞争的导向让人们更多地重视企业的"核心能力"或"特殊能力"，只有充分发挥这种能力才能在与竞争对手的较量中取得优势。成长中的企业忽略核心能力的培育将会导致非常严重的后果，众所周知的巨人集团的兴衰就是很典型的例子。巨人集团曾凭借巨人汉卡在我国计算机行业中独领风骚，然而，由于其最高决策者忽略企业核心能力的培育，单纯地将企业视为不同业务的组合，多头投资，使得企业竞争优势缺乏持续性，很快就由高速成长跃入危机之中。

核心竞争能力其实就是资源配置问题。因此，企业首先要判断自己拥有的资源价值及哪些资源可以成为企业战略实施的基础，以期将资金重点投向能够构筑企业核心竞争能力的活动中。

（2）重视企业人力资源投资

企业核心竞争能力的形成在很大程度上是企业人力资源的配置问题。企业竞争能力的主要载体之一是企业员工，企业间的竞争实质上也就是人才的竞争，人力资本的巨大价值越来越为人们所重视。近年来，企业的扩张从物质资本的扩张转向以最新科学知识和科学成就为基础，以人的智能为主要特征的扩张，使社会经济基础从劳动密集型、资本密集型，转向知识、智能密集型，人类正由工业社会迈向信息社会、智能社会。现代经济正朝向以知识为基础、直接依赖于知识和信息的生产、应用和传播的知识经济发展。企业的发展已离不开现代技术知识经济基础，否则很难在未来竞争中获得先机。因而，企业进行专门的人力资本投资势在必行，对人力资本投资也就成为企业投资的一个重要领域。企业扩张阶段是企业发展的关键时期，在这一发展时期，企业的战略重点是抓住时机使企业获得快速健康的成长。因此，这一时期的一个关键环节是从初创期的注重对管理人员的人力资本投资转向有系统地对企业各类人才的培养。

企业人力资本投资是企业通过一定量的资金投入，增加与企业业务有关的人力资本投资客体的各种技能水平的一种投资活动。企业在资金的运作，投资的方向、方式、期限、时机等重大问题的决策上拥有独立的决策权并享有最终的收益权。企业人力资本投资在主体与客体之间以一种契约关系维系着。在企业主体进行投资，企业员工客体接受这种投资，然后将投资的结果转化为现实的生产结果，使企业投资主体受益这一系列活动中，始终贯穿着这种关系。这种契约关系，在一定程度上保证企业人力资本投资能够持久地进行——企业不会过多地担心员工接受人力资本投资之后另谋职位，不再为企业服务。也正是因为存在着这种契约关系，企业才有权利按本企业的战略目标有选择地对本企业员工进行人力资本投资。而对于企业外部人员，企业不可能完全按自身利益对其进行人力资本投资。因此，企业人力资本投资是建立在现代企业制度下的一种投资行为。

（3）采用一体化成长战略

企业若想比竞争对手成长得更快，必须具有独特的、竞争对手无法迅速仿制的核心能力。企业战略投资是针对企业战略核心能力的投资，这种投资不应该仅用传统的财务指标成本-利润标准来衡量。所以，任何企业都需要正确选择自己的成长道路，确定自身的成长战略。一般而言，由集中化战略发展起来的企业其成长战略首选是一体化战略。一体化战略是企业充分利用自己在产品、技术、市场上的优势，根据物资流动的方向，使企业在现有业务的基础上不断地向深度和广度发展的一种战略。一体化战略又包括两种模式：横向一体化和纵向一体化。其中，横向一体化是企业将活动扩展到处于同一生产经营阶段的企业中，以促进企业实现更高程度的规模经济和迅速发展的一种战略。这种战略可使企业增强生产能力，扩大市场份额，提高资本利用率，减轻竞争压力，使企业迅速扩大规模经济水平同时又不偏离企业原有的经营范围，因而不会带来管理上太多的困难。纵向一体化又分为前向一体化和后向一体化。物资从反方向移动，使企业新增加的业务涉及为企业原有业务提供投入物时称为后向一体化；物资从顺方向移动，使企业的业务活动更接近于最终消费者时称为前向一体化。

企业通过实施一体化投资战略建立和发展核心能力的途径有两种：一是采取内部扩张投资战略，即在企业内部通过内部资源的合理配置、提高效率、更新改造等维持并发展企业竞争优势；二是采用外部资本扩张战略，通过吸纳外部资源，包括组建合营企业、吸收外来资本，长期融资，进行兼并收购等，推动企业迅速成长。

在一般情况下，企业的正常成长过程也是其核心能力的形成过程。企业在初创时，通过选择适当的技术和设备，以一定的资本结构生产特定的产品。在这一时期，由于企业投资回收期的影响，尽管有收益，总体收益一般较低。此后，逐步转入正常运行的企业，其收益可能得以快速增长，如不进行内部追加投资更新改造，企业在达到一定生产年限后，在产业内竞争、技术落后及设备老化等诸多因素的作用下，将会很快进入衰退期。除非企业不断进行内部挖潜、技术换代、设备更新改造，在原有技术基础上开发新产品，开拓新市场，调整企业规模，使企业在进入成熟期或衰退期之前获得新的资源，企业才能获得生命周期的延续。因此，企业依靠内部扩张战略避免了潜在的迅速衰退，使企业得以持续发展，然而，内部扩张战略只能使企业生产规模在特定范围内得以扩张，并且这种情形并不总能实现，如企业特定产品市场容量的限制、技术寿命的限制等，都制约了企业通过内部挖潜可能达到的扩张规模。尽管这种战略途径可以延长企业生命周期，在一定程度上促进了企业成长，但其作用和效果却是有限的，难以使企业达到长期持续发展。要想使企业获得持续成长，就必须突破限制企业扩张的制约因素，这不能仅依靠内部扩张战略。而企业利用外部资本扩张战略，开发新的市场，能够迅速培育起属于自己的更高层次的核心能力。对外资本扩张战略最普遍的运作形式就是企业兼并。企业的横向一体化战略只有以兼并方式才能实现，兼并也使企业迅速达到纵向一体化的战略目标。对外兼并是企业实现扩张的快车道。因此，对于步入扩张阶段的企业而言，兼并这种外部扩张战略不仅是谋求生存的方式，更是其实现"以小吃大"、迅速扩张成长、大幅度提高企业价值的有效手段。

2. 筹资战略

企业强烈的成长欲望与其资金限制形成了一对矛盾，企业在解决该矛盾过程中，往往操之过急，将营运资金用于固定资产等方面的投资，导致企业资金周转紧张。

在企业成长期，资本不足的矛盾仍然要通过以下途径解决：一是追加股东股权资本；二是提高税后收益留存比率。这两条途径都是权益资本型筹资战略的重要体现。当这两条途径均不能解决企业发展资金问题时，再考虑采用负债融资方式。在实际工作中，由于股东前期有较多投入，还没有充分享受投资回报，企业大多采用的是负债融资，包括短期融资和长期融资。可采用的方式有：商业信用、与银行间的周转信用借款、长期贷款项目以及对外公开发行债券。债务规模必须适度，必须与企业的发展速度相协调；同时，必须考虑调度的统一，以控制债务规模。

3. 收益分配战略

步入高速扩张成长阶段的企业发展前景良好，投资机会增多，收益率水平有所提高，但现金流量不稳定，财务风险较高。为了增强企业的筹资能力，企业不宜采用大量支付现金股利的政策。该时期的企业应倾向于零股利政策或剩余股利政策，在支付方式上，也宜以股票股利为主。

企业一定要保证有利于企业扩张成长的投资机会的资金支持，并据此制定企业最佳的投资预算。在该投资预算的基础上，建立企业最佳资本结构（负债与权益资金的比例）目标，推出企业所需的权益资金规模并尽可能地使用留存收益融资，以降低企业的财务风险及资金成本。在满足了企业投资所需的权益资金后如有剩余，企业才将其作为股利支付给所有者。

但由于资本市场效率的次强型特征及股利政策所传递的信息内容、投资者对当期收入的渴望等因素，企业长期采用剩余股利政策可能会影响到投资者及外部其他相关利益集团对企业的评价。企业可以在定期支付少量现金股利的基础上，采用股票股利的支付方式。这样，正如以前所述，管理当局比投资者知道更多的有关企业的有利信息，企业管理当局可以通过股票股利向外界阐明自己对企业未来发展前景的信心和信念。另外，由于股票的流通性较强，类似于现金，投资者也乐于接受。因此，将股票等有价证券作为股利发放给投资者是企业将留存收益的一部分予以资本化的一种方法，它既不减少企业现金，又可以使企业所有者分享利润，企业留住了现金以扩张业务，企业所有者如需现金又可以出售多余的股票，因而这种股利支付方式可以达到一举两得的效果。

（三）成长期企业财务战略管理的关键

1. 实行扩张财务战略

扩张财务战略的目的是实现企业资产规模的快速扩张。在企业核心竞争力的成长期，由于收益的增长相对于资产的增长总是具有一定的滞后性，因此，快速扩张往往使企业的资产收益率在一个较长时期内表现为相对的低水平。为了满足企业核心竞争力成长的需要，企业不仅需要将绝大部分利润留存，还须大量筹措外部资金。从筹资战略上看，银行和其他金融机构都愿意提供资金，企业举债的资信能力得到提高，通常能贷到数额大、成本低、附有优惠条件的贷款。因此，在融资方式上，企业相对于初创期更多地利用负债筹资。负债筹资既能为企业带来财务杠杆效应，又能防止净资产收益率和每股收益的稀释。因此，企业核心竞争力成长期采取的扩张财务战略一般会表现出"高负债、高股本扩张、低收益、少现金分红"的特征。

2. 成长期企业财务战略管理的具体策略

企业扩展阶段社会总需求逐渐上升，商业企业订货增加，工业投资开始增长，闲置资源陆续投入使用，开工率升高，企业利润开始增长，各种经济水平逐渐达到最高峰。为此，企业的财务战略可采取以下策略。

一是要增加生产设备等固定资产投入，生产由劳动密集型向资本密集型转变。

二是要完善库存管理制度，选择时机提高产品价格，扩大采购，减少库存的毁损和流失，加大库存量，确保生产供应。

三是利用内部资金优势，扩大外部融资渠道，充分利用财务杠杆作用，在融资决策时，注意财务风险，采用合理的资本结构，避免盲目举债、过分投资导致的经营风险和财务风险，要有计划、有步骤地寻求新的投资领域，使企业的资金、人力、物力得到充分利用。

四是随着企业经营业务的不断发展，同时也为了提高市场占有率，销售商品必须缩短库存周期，发挥"短、平、快"的优势，严格遵守"以销定产"原则，以提高市场占有率。对呆滞积压物资，应采取灵活多样的销售方式使其快速变现。同时，采取灵活的收款政策，尽量避免坏账损失。企业内部各环节必须以销售为核心，将各项非生产性开支压缩到最低限度，把资金用在刀刃上。通过加强资金管理，实现良性循环，逐渐实现扩大再生产的目标。

3. 战略选择必须与企业经济增长方式相适应

企业经济增长方式客观上要求实现从粗放增长向集约增长的根本转变，为适应这种转变，企业财务战略需要从两方面进行调整。一方面，调整企业财务投资战略，加大基础项目的投资力度。企业真正的长期增长要求提高资源配置能力和效率，而资源配置能力和效率的提高取决于基础项目的发展。虽然基础项目在短期内难以带来较大的财务效益，但它为长期经济的发展提供了重要的基础。所以，企业在财务投资的规模和方向上，要实现基础项目相对于经济增长的超前发展。另一方面，加大财务制度创新力度，可以强化集约经营与技术创新的行为取向；可以通过明晰产权，从企业内部抑制掠夺性经营的冲动；可以通过以效益最大化和本金扩大化为目标的财务资源配置，限制高投入、低产出，实现企业的经营集约化。

四、成熟期企业的财务战略管理

（一）成熟期企业的特征表现

纵观企业的成长历程，我们可以发现能够进入扩张成长期的企业已属不易，而能够顺利扩张进入成熟期得以生存下来的企业更是凤毛麟角。许多企业在成长过程中被淘汰出局，进入成熟期的企业大多都发展成为骨干大企业或较大企业。在成熟阶段，企业灵活性和控制性达到平衡，是企业发展的巅峰时期。这个阶段企业绩效最高，资金充盈，能力很强，企业能很好地满足顾客要求，制度和结构也很完善，决策能得到有效实施，是企业真正的黄金阶段。一般而言，成熟期企业有如下特征。

第一，企业现金流入量大于流出量，筹措资本的能力增强。企业初创阶段及成长阶段入不敷出的局面被相对宽裕的资金流所代替，经营杠杆比率下降，产生正的超量的现金流，财务状况大有改观。融资方式呈多元化特征，既可以取得银行贷款，也可以通过股票、债券、外债、票据等形式筹集到庞大的资本。因此，通过动员筹集起来的巨额资本能够经营需要大量资本的巨大规模业务。

第二，管理趋于模式化和成熟化，理财目标定位于企业价值最大化。企业的制度和组织结构完善并能充分发挥作用，即使制度或组织结构暂时或局部出现了问题，企业也有部分自协调机制。企业的创造力和开拓精神得到制度化保证。企业的产品销售量增长开始放慢，并逐步达到最高峰，然后销量会趋于平衡或出现轻微下降，产品销售利润也从成长期的最高点开始下降，市场已经饱和，市场发展空间基本达到最大值。

第三，调动各利益主体的积极性，注重协调各契约方利益。成熟期企业出现许多势均力敌的竞争者，需求也开始减少。由于在具有战略意义的市场区域内占据了领先地位，企业可以凭借其市场权利提高市场占有率，垄断市场，控制价格，避免追求利润上的短期行为。同时企业非常重视顾客需求、顾客满意度，以顾客至上为原则，既重视市场，又重视公司形象。

第四，看重企业可持续发展的潜力，注重未来的和潜在的获利能力。企业对未来趋势的判断能力突出，能做到排除市场风险和确切了解市场，投资重点向国际市场及多元化方向发展。企业的计划能得到不折不扣的执行，并且完全能承受增长带来的压力。企业雇用众多员工，运用庞大的固定资产从事自动化操作；为经营其规模巨大的业务，建立起大规模组织结构，并将优秀人才吸引到组织中。

第五，搜集及处理各类有关信息的能力及应变能力加强，市场环境有不同程度的改善。企业利用日益增多的信息从事开发研究，有能力支撑起耗费巨资、需要较长周期的研究开发体系。决策者关注企业的发展，企业的财富大大增加。

第六，经营风险相对较低，风险投资开始退出。成熟阶段是风险投资的收获季节，风险投资家可以拿出丰厚的收益回报给投资者了。风险投资在这一阶段退出，不仅因为这一阶段对风险投资不再具有吸引力，还因为这一阶段对其他投资者，如银行、一般股东具有吸引力，风险投资可以以较好的价格退出，将企业的"接力棒"交给其他投资者。

从上述对成熟期企业特点的综合分析看，企业能够抵御一时的经济震荡、挫折及困难。虽然处于成熟期的企业在社会经济中扮演着举足轻重的角色，但由于企业外部环境的纷繁变化，激烈的市场竞争，使大企业未来同样也充满着风险。成熟期的企业由于规模扩大，企业组织层次的增多，使其组织具有官僚色彩。有些企业家满足于现状，创新精神衰退；部门之间责任不清，士气不高，企业应变能力减弱等症状在不知不觉中蔓延。由于企业发展缓慢或停滞不前，不仅自身的发展空间被迅速扩张的企业占据而丧失发展机会，而且已占据的市场迟早将被其他企业占领，最终导致企业自身衰退直至死亡。此时，企业财务管理更需要具备高瞻远瞩的战略眼光和战略思想，采取积极的"以攻为守"策略，不断创新，尽量回避成熟期的企业风险，实现企业的"二次创业"，从而使企业进入第二条生命曲线。

（二）成熟期企业的财务战略选择

1. 投资战略

成熟期是企业日子最好过也是最难过的阶段。之所以好过，在于它有优势的核心业务或核心竞争能力为依托，有较为雄厚的营业现金净流量做保障，行业或业务领域没有市场竞争，压力比较小，一般不会产生经营风险、财务信用危机；之所以难过，是由于企业的未来走向需要从现在开始考虑，未来不确定因素需要总部最高决策当局进行分析、判断，以推动企业走向更高层次、拓展更大的发展空间。这就决定了成熟期的企业一方面必须继续保持既有核心业务的竞争优势，不断挖潜和巩固现有生产能力，走出一条以一元核心产品为依托的多样化发展道路。另一方面，也需要探索新的业务领域及市场空间，前瞻性地为未来战略发展结构做优化调整，并努力创造新的核心竞争能力。因此，当企业步入成熟期后，可以划拨出一笔较大数额的资本，然后根据市场分析与专家判断，对未来可能进入的细分行业或投资领域进行试探性投资，多个项目分别由专人负责，并分头进行。单一方面的投资刚开始时力度不大，只进行试探。经过一两年的投资及市场评价，最终锁定未来将要进入的行业或业务领域，同时果断舍弃其他未入选的行业或业务领域，并迅速让售或变卖，以便整合财务资源优势，加大入选行业或业务领域的投资力度，确保在新进行业或业务领域里迅速取得竞争优势。在上述实施过程中，切忌久拖不决，决而不果。时不我待，管理者必须具有果敢、创新与冒险的精神。

在企业的成熟期，为了避免行业进入成熟阶段后对企业发展速度的制约，企业一般会采取折中的财务战略。在投资方面，企业多采用多元化的投资战略以避免将资本全部集中在一个行业可能产生的风险。另外，由于市场容量有限，企业需要转向其他行业，为快速成长阶段积累下来的未利用的剩余资源寻找新的增长点。同时，企业会继续采用兼并收购等资本运作的方式，巩固其规模经济效益，有效地整合内部及外部资源，扩大企业的盈利水平，提高企业的经营效率，优化社会资源配置。

2. 筹资战略

成熟期企业外部资金需求逐渐下降，前期借款也逐渐进入还款期。由于企业此时具有较为丰厚的盈余积累，在资金的使用上应以内部资金为主，以防止企业在战略调整过程中承受过重的利息负担。成熟期企业的筹资能力较强，并呈现多元化发展，抗风险能力也得到增强。为了优化资产负债结构，改善现金流状况，成熟期企业可以采用资产证券化的方式来进行筹资。这不仅可以增强发起人的资产流动性，而且风险较小，收益适中，有利于企业获得较高的资信评级，改善公司的财务状况和经营状况，使企业的运营进入良性循环状态。具体表现为：首先，资产证券化通过特殊的交易安排使缺乏流动性的企业资产快速变现为易流动的资产（现金），能有效地改善公司财务指标，增强企业的融资能力，提升公司经营水平。其次，资产证券化可以降低企业融资成本，即如果将企业的应收账款作为资产出卖，其信用评级只须单独考虑应收账款资产的状况，使企业获得较高的资信评级。

另外，资产证券化对企业还有一些微观方面的益处，比如，相对于股权融资而言，资产证券化融资有不分散股权和控制权的好处；对发行企业债券的直接融资方式而言，资产证券化融资不会形成追索权，因而可以分散风险；财务指标的优化和低成本融资渠道的畅通能够使企业的日常经营具有更高的灵活性，可以采用积极的销售政策如赊销来提升经营业绩，从而使公司运营良性循环等。总之，这一阶段的财务战略一般采用"低负债、高收益、中分配"的稳健型财务战略。

3. 股利政策

成熟期企业倾向高比率、现金性股利政策。投资者的投资冲动来自对收益的预期，而收益预期的实现反过来又推动新的投资热情。成熟期企业现金流量充足，投资者的收益期望强烈，因此适时制定高比率、现金性的股利政策利大于弊。原因在于：①激进的资本结构与负债融资使得内源式的积累冲动不再突出，现金流入量大；②现金净流量没有可供再投资的机会，也就是自由现金流量较大，剩余股利政策并不可行；③这一时期是股东收益期望的兑付期，如果不能在此时满足股东期望，资本投资收益期望永远也不会得到满足，股东对企业的投资积极性将受到影响，企业未来筹资能力也将受到影响。基于以上考虑，无论是从企业自身能力还是从市场期望来看，高股利支付政策都是可行的。同时，在支付方式上可更多地采用现金股利。

对于成熟期的企业而言，其筹资能力较强，能随时筹集到经营所需的资金，其资金积累规模较大，具备了较强的股利支付能力，因此，应当采取稳定的股利分配政策。在实务中，将这种政策称为稳定的或稳定增长的股利政策。

稳定的或稳定增长的股利政策是指企业将每年发放的每股股利保持在某一特定的水平上，并在一段时间里维持不变。只有当企业认为未来盈余的增加足以使它能够将股利维持到一个更高的水平时，企业才会提高年度每股股利的发放额，并在新的水平上保持稳定。该股利政策坚持一个重要原则，就是要保持年度股利发放额的稳定，不能使其低于前期的数额。该股利政策还考虑到通货膨胀对企业盈利增长的影响，因而企业在采用稳定的股利支付政策的基础上，实施稳定增长的股利政策，通货膨胀会导致企业盈余水平的上升，如果采取稳定的股利支付政策，企业实际上就降低了股利支付水平，所以，企业首先要制定一个股利支付的目标增长率。比如每年每股股利支付增长率为3%，然后再依据此目标来确定每年股利的支付额。这种股利分配政策比较适用。

（三）成熟期企业财务的发展方向

成熟期是指技术成熟和产品进入大工业生产的阶段，这一阶段的资金称作成熟资本。成熟阶段是企业生命历程中最为理想的阶段，在这一阶段，企业的灵活性、成长性及竞争性达到了均衡状态。

企业进入成熟期，既是企业在现有环境和要素、结构下的一种状态，也是外界与企业自身的一种心态使然。企业进入成熟期后，其发展通常存在以下三种方向。

第一，经过短暂的繁荣后进入老化阶段，这是企业最不愿意看到的。成熟期意味着市场增长潜力不大，产品的均衡价格也已经形成，市场竞争不再是企业间的价格战，而是内部成本管理效率战。在价格稳定的前提下，实现盈利的唯一途径是降低成本，因此，成本管理成为成熟期企业财务管理的核心。

第二，企业领导始终保持清醒的头脑，不断对企业内部进行微调，尽可能延长企业的成熟期，巩固市场成熟产品是企业理想的产品，是企业利润的主要来源。因此，延长产品的成熟期是该阶段的主要任务。延长产品成熟期的策略可以从以下三个方面考虑：首先，发展产品的新用途，使产品转入新的成长期；其次，开辟新的市场，提高产品的销售量和利润率；最后，改良产品的特性、质量和形态，以满足日新月异的消费需求。

第三，企业上下始终保持清醒的头脑，积极而稳妥地推进企业内部变革。企业变革不仅能推迟企业进入老化期的时点，而且可使企业以此作为新的发展平台，进入新一轮增长期。在这个阶段，企业资产收益水平较高，加之现金净流入量较大，企业财务风险抗御能力增强，有足够的实力进行负债融资，以便充分利用财务杠杆作用达到节税与提高股权资本报酬率双重目的。尽可能使繁荣期延长并力争使企业进入到一个新的增长期，企业变革已成为制定企业发展战略的关键。在这一阶段，股东或出资者对企业具有较高的收益回报期望，因此高股利也成为这一时期的必然。

五、衰退期企业的财务战略管理

（一）衰退期企业的风险及特征

当原有的产业或市场领域进入衰退期或夕阳阶段，企业的经营战略需要做一些调整。

企业步入衰退期，产品需求持续减少，销售量急剧下降，利润也随之减少甚至出现亏损，大量竞争者退出市场，企业设备和工艺老化，各种企业病开始出现，思想僵化，创新意识缺乏。由于竞争压力、消费者喜好改变或宏观政策等诸多原因，企业产品逐渐丧失其市场地位和知名度。进入衰退期的企业，首要工作是加强调整经营方向，通过新产品开发与新产业进入而推迟步入衰退期。这意味着：一方面，需要退出某些行业或经营领域，需要进入另外某些行业或领域，即进行产业重构；另一方面，伴随着内部经营衰退，需要实施组织再造与管理更新。衰退阶段是企业生命周期的衰落阶段，此时企业内部缺乏创新，少有活力和动力，没有了创业期的冒险精神，这都预示着危机的到来。

一般而言，衰退期企业具有如下特征。

第一，企业增长乏力，竞争能力和获利能力全面下降，资金紧张，既缺乏成长性，又缺乏灵活性，更缺乏竞争性。

第二，企业内部人多，一般人员严重冗余，核心人才流失严重，官僚风气浓厚，制度繁多，却缺乏有效执行，互相推脱责任的情况经常发生。

第三，企业员工自保意识不断增强，做事越来越拘泥于传统、注重于形式，只想维持现状，求得稳定，与顾客的距离越来越远，体现企业活力的行为减少甚至消失。

第四，企业市场占有率下降，产品竞争力减弱，赢利能力全面下降，危机开始出现。企业战略管理的核心是寻求企业重整和再造，使企业获得新生。

第五，企业向心力减弱，离心力增强，风险加大。进入衰退期的企业，其经营风险可从两方面来考虑：一是对于现有产品的经营，其经营风险并不大，尽管面临市场负增长，但原来的市场份额并没有变化，已有利润点及贡献能力并未失去；二是对将要进入的新领域，要考虑可能存在极大的经营风险，这同初创期的经营状况一样，但与初创期不同的是，此时的企业已有比较雄厚的资本实力与市场地位，其融资能力也大大增强，因此具有初创期不可比拟的财务优势与管理优势。

从财务上看，只要利用资产所产生的现金流超过该资产的变卖价值，都应尽量延长其使用寿命。对于处于调整期的企业，由于它所产生的现金流可能大于财务报告所确认的利润额（如因折旧而产生大量现金留存），也可能是相反（如因递延纳税而引起的现金流出等），因此，如何确定部门或资产的留存价值要关注该资产所产生的现金流大小，并将此作为价值判断的财务标准。

（二）衰退期企业的财务战略选择

1. 投资战略

衰退期企业应采用一体化集权式投资战略。企业在此阶段所面临的最大问题是，由于在管理上采用分权策略,从而使得在需要集中财力进行衰退时,由于财务资源的分散而导致财力难以集中控制与调配。面对这一情形,本着战略衰退的需要,在财务上要进行分权上的再集权。从资源配置角度看,集中财权主要用于以下两方面:一是对不符合企业整体目标的现有部门或子公司,利用财权适时抽回在外投资的股权,或者完全变卖其股权,从而集聚财务资源;二是对需要进入的投资领域,利用集中的财权与财力进行重点投资,调配资源,以保证企业的再生与发展。

2. 筹资战略

衰退期企业应采用高负债率筹资战略。进入衰退期,企业还可以维持较高的负债率而不必调整其激进型的资本结构,其主要有以下两方面的理由。

(1) 衰退期是企业新活力的孕育期,从某种程度上说,它充满了风险。在资本市场相对发达的情况下,如果新进行业的增长性及市场潜力巨大,高负债率即意味着高报酬率,则理性投资者会甘愿冒险;如果新进行业市场并不理想,投资者会对未来投资进行自我判断。理性投资者及债权人完全有能力通过对企业未来前景的评价来判断其资产清算价值是否超过其债务面值。因此,这种市场环境为企业采用高负债政策提供了客观的条件。

(2) 衰退期的企业并不是没有财务实力,它的未来经营充满各种危险,当然也充满再生机会,因此以其现有产业做后盾,高负债战略对企业自身而言是可行的,也是有能力这样做的。

3. 股利政策

出于经营结构衰退的需要,加之未来股权结构变动与衰退的可能,衰退期企业必须考虑对现有股东提供必要的回报。这种回报既作为对现有股东投资机会成本的补偿,也作为对其初创期与成长期"高风险-低报酬"的一种补偿。但高回报具有一定的限度,它应以不损害企业未来发展为前提。因此,可采用类似于剩余股利政策同样效果的高支付率的股利分配战略。

衰退期的营销策略:面对现实,见好就收。处于衰退期的产品常采取立刻放弃策略、逐步放弃策略和自然淘汰策略,但有的企业也常常运用一些方法延长其衰退期。如唐山自行车总厂,其生产的燕山牌加重自行车在各城市滞销后,该厂采取撤出城市、转战农村的策略,为该厂产品重新找到了出路。

(三) 衰退期企业的财务竞争策略

在经济衰退时期,每个商家都只想着一件事——生存。然而当所有人都为生存而绞尽脑汁的时候,只有极个别富有革新精神的人才能把握住稍纵即逝的机会,做出正确的决策，最终安全度过萧条期，微笑迎接经济复苏的到来。要想以强有力的战略地位度过衰退时期，关键之一是抓住转折时期的机遇，采取有效的措施。在衰退期，企业通常会采取如下竞争策略。

第一，全面认清公司的使命和目标。在行业衰退期，要迅速认清行业的衰退状况，然后根据企业自身的内部条件，选择最有力的竞争战略，获取尽可能多的利益，避免对企业今后发展带来不利的影响。此阶段，最有价值的资本是企业的核心价值观和对公司使命及目标的感知。领导必须重拾已遭破坏的员工信任感，使公司和员工在危机时期同舟共济！将商业的压力化为动力，更好地运用团体拥有的知识，成功地树立目标，按照要求对实现目标的进程进行评估，并在需要时做出合理的决策。

第二，不断驱动革新，引导公司从衰退期进入到新一轮的创新和成长循环。分析并控制生产成本、提高生产效率。通过广泛重组实现成本削减和资本激活，兼并竞争对手，以减少竞争压力，提高市场占有率，降低成本，取得高于行业平均水平的获利能力。

第三，逐步退出战略。指企业有计划地从经营中回收投资，尽可能地挖掘过去投资的潜力，逐步退出现有行业。在逐步退出的过程中，要求企业能够保持比较稳定的需求或者延缓衰退的细分市场，以使其获得相对高的收益。

第四，迅速放弃战略。指企业在衰退过程中尽早清理投资，迅速回收现金来弥补损失。衰退期的特征提醒我们，采用以现金流为起点的理财目标可能是最合适的。这是因为，在经营上，该时期企业所拥有的市场份额稳定但市场总量下降，销售出现负增长；在财务上，大量应收账款将在本期收回，而潜在的投资项目并未确定，自由现金大量闲置，并可能被个人效用最大化心理日益膨胀的经营者滥用。因此，在该阶段，尽快回收现金并保证其有效利用，就成为企业财务管理的重点。迅速放弃以体现企业整体发展战略的要求，从而延长企业的生命周期，保障其可持续发展，这不失为一种较好的策略。例如，把某项业务卖掉以换回现金，投资于利润较高的行业。

第五，有效地利用知识管理，收集、分析大量数据，得到能辅助决策的准确信息。让从事具体业务的人员能够很容易地接触到企业信息，可以为企业实时提供公司的各种性能指标，了解到自己所处的位置和面临的问题。这样，整个机构将成为一个有机的整体，就像一个能独立思考的巨人，迅速准确地对市场变化做出反应，让企业在经济衰退期也能够保持成长。只有这样，资源才不会被浪费，企业才不会在竞争中一团糟并因方向不明错失机会，从而及时、准确地预测和掌握未来的趋势。

总之，需要注意的是，在衰退期，企业要尽早确定自身的战略选择并实施，迟疑不决的最终选择只能是被迫放弃，会造成更大的损失。

第四节　新经济时代财务战略管理的对策

一、财务战略管理存在的主要问题

放眼当前经济市场，由于企业或者产品本身的潜力尚未完全发挥出来，市场缺乏对企业或产品的认知与了解，造成核心产品不能为企业提供大量的流动资金，这使得企业在某些时期陷入资金周转不足的境地；另外，企业在需要进行市场结构和经营结构调整时，面临的是进一步强化财务集权控制还是调整股权结构，是采取进退结合的投资策略还是强化新进市场的财务运作的两难选择。为此，就必须明确影响企业财务战略的关键事项，才能做出有利于企业进一步发展的举措。

第一，企业财务战略管理观念有待改进。一个规范、健全的财务战略管理过程分为三个阶段，即战略制定、战略实施和战略控制，这三者相互联系、相互制约、缺一不可。从国内一些企业的经验看，在制定财务战略的阶段投入了极大的热情和资源，进入实施阶段后由于工作的复杂性和投入的进一步加大则热情减低，特别是实施中遇到较大困难时就会热情大减，于是财务战略管理轰轰烈烈开场、冷冷清清收场的现象屡见不鲜。

第二，企业内部财务控制有待提高。当前，我国企业内部财务存在着诸多问题，其原因归根结底是因为企业还没有一个极其完整的财务管理办法可供遵循，这对于企业来说是不合理的。大部分企业需要设立账目，但会计基础管理薄弱、依法建账不到位，并没有按照会计科目的要求分门别类的设置明细的账目，这不仅不利于公司及时向货源及客户反映情况，而且会计信息也不能得到真实的反映。

第三，企业整合性战略有待提高。公司战略作为企业最高层次的战略，侧重于从全局出发确定企业业务经营范围并进行资源配置；职能战略则是由研发、生产、营销、财务、人事等职能部门根据公司战略的要求制定出本部门的目标和规划，是公司战略的具体化。财务战略需要以公司战略为依据，不得与公司战略目标相左。一些企业的战略体系中存在着企业财务战略与企业总体战略、其他职能战略整合性和协调性差的问题，突出表现在目标相左、本位主义严重、相互扯皮、协调难度大，这样财务战略管理的整合性优势和管理效果必然受到影响。

第四，企业内部财务报表过于笼统。各层次的管理需要企业根据会计制度的要求，对外提供的报表。现今大多数企业只有资产负债表、利润表、现金流量表，数据过于笼统和宏观，缺少管理需要的各种报表。如提供给企业管理者资金的使用情况表、提供企业各个部门的各项目成本费用明细表和利润表、应收未收账款的明细表、提供给企业决策者使用的资金状况表、客户付款周期表和客户信用档案等各种财务信息,只能采取统计办法获取,耗时耗力,且容易出现差错,无法满足内部管理的需要。

二、财务战略管理问题的解决对策

措施一:货币资金集中管理。

货币资金是企业的血液,任何企业的启动和发展必须靠足够的资金来解决,如果一个企业没有资金或者是资金不足,再好的计划、项目,都是空想,再好的投资活动都有可能中途搁浅。因此,物业管理行业加强资金的管理及控制具有十分重要的意义,而建立健全的管理体制,对物业管理行业经营环节实施有着根本上的影响。所以,企业务必做到对资金统一筹措、统一调度和统一监控。一方面,将货币资金结算集中在集团的银行存款结算户,减少资金沉淀,确保经营的正常进行;另一方面,加强对经营单位资金使用的计划管理,利用资金收支的时间差合理安排银行贷款和还款计划,节约资金利息支出。

措施二:统一财务会计制度。

一般说来,财务管理是基于企业再生产过程中客观存在的财务活动和财务关系而产生的,会计是运用凭证、账簿和专门报表,采用以货币为主要计算单位的各种计量方法,收集、分类、记录、报告、分析、比较和评价特定单位经济活动和经济效益的一种管理工作。所以企业只有严格地遵从国家制定的会计制度,再进行企业内部一系列会计制度的建立,严格遵守会计制度,才能进行会计工作、保证会计工作秩序、提高会计工作质量。只有如此,各公司才能在费用管理、会计核算、资金管理等方面,执行集团统一制定的管理制度,及时、准确地填报内外部会计报表。

措施三:统一财务机构的设置和财会人员的管理。

主要是各分公司的财务经理由企业财务部委派,其工资奖金由集团考核发放,分公司财会人员按集团的标准任用。以改革会计核算体制为契机,从严定岗,以岗定人,务必对全公司财会人员进行培训、调整,使财会人员的综合业务素质得到普遍提高。

措施四:统一税务管理。

一个企业由总部负责协调与税务部门的关系,对各分公司所得税、流转税进行统一管理,对增值税发票要做到统一发放、统一管理,经常检查,随时监督,以免出现差错。

措施五:事前管理——实施全面预算管理。

建立以集团企业战略为导向的全面预算管理体制,在预算目标制定、过程控制、评价考核等方面形成完整的制度体系。同时,核定企业整体资金预算,逐步实现集团资金管理规范化，提升集团资金调控和监管能力。

措施六：事中管理——实施月度、季度、年度决算管理。

企业由于其规模和内部管理层次分支不同，故采用该事项是完全有必要的。每一月度、季度、年度由企业高管层发起，将各个分公司的财务流程（进账及支出）及时清算，并将本企业实施进程及即将启动的项目与目标通过分析，迅速做出决断。

措施七：事后管理——实施年度绩效考核。

企业需要建立一支政治上可靠、业务本领过硬、懂经营、善管理的财会队伍，则必须实施年度绩效考核。该制度可由总公司发起，由各个分公司积极响应，并推荐出为本企业做出贡献者或者有优异成绩者树立为楷模并奖励之。此外，对每一个工作单位上的工作人员都要做出相应的绩效考核，使其在今后的工作岗位上，更加敬岗爱业，逐步将财会人员职业道德与专业技术职务结合起来，借以发挥激励作用。此外，还要注重财会队伍后续的业务培训教育工作，着力培养一批懂经营、善管理的一专多能人才，增强财会人员的活力，进一步发挥财会的监督职能，加强集团对各公司的管理。

第六章　新经济时代财务管理的转型与发展

第一节　财务转型的起点：财务共享服务

财务共享服务中心的建立对于大型企业来说，是一个难得的发展机遇，它有利于财务人员转型，甚至可以说财务转型始于共享服务。财务共享服务中心基于流程再造、信息系统整合，将会计基础核算等低附加值、标准化的工作集中起来，提高效率、降低成本，把财务人员从繁杂的核算中解脱出来，集中精力从事业务财务和战略财务，推进财务、业务、战略一体化的转型之路。

一、新经济时代财务共享服务框架及智能增强

在中国，财务共享服务模式是在 2005 年前后兴起的，尽管这个时候西方国家对财务共享服务的应用已经日趋成熟，但作为后来者，我国的财务共享服务发展呈现出逐渐加速的趋势，在近年中，财务共享服务的热度飞速上升，已然成为国内大中型企业财务组织的标配。在这个过程中，财务共享服务中心从设立到运营全过程的管理水平都在快速提升，到今天，已经形成了相对完善的财务共享服务管理框架，并在政府、企业、高校和各类协会组织的共同推动下，逐渐成为国内财务共享服务中心特有的管理模式。

（一）财务共享服务中心设立管理

1. 财务共享服务中心设立管理框架

财务共享服务中心设立管理框架有以下方面。

（1）财务共享服务中心立项：能够站在企业立场，充分评估财务共享服务中心设立对企业经营发展带来的利弊影响，客观评价财务共享服务中心的投入产出情况、匹配和适应情况、变革管理的难点及应对措施。能够在判断财务共享服务中心建设对企业有利后，积极推动管理层和各相关方的认可，并获取充足的资源，支持后续的中心设立。

（2）财务共享服务中心战略规划：能够站在战略高度对财务共享服务中心展开规划，如总体模式的选择，包括定位、角色、布局、路径、变革管理、组织、流程、服务标准、

系统及运营平台、实施等规划内容。

（3）财务共享服务中心建设方案设计：能够在财务共享服务中心建设启动前进行充分的建设方案设计，包括组织、人员、系统、流程、运营、制度等方面。方案应能够涵盖框架和详细设计，并在最终落地方面做好充分的工具设计准备。

（4）财务共享服务中心实施：能够有效地组织项目展开对财务共享服务中心的实施，制订合理的实施计划，有序推进组织架构和岗位设立、人员招聘及培训、系统搭建及上线、流程设立及运营等各方面工作，实现财务共享服务中心从试点到全面推广的实施落地。

（5）财务共享服务中心业务移管：能够在财务共享服务中心设立后，有效地推动业务从分散组织向财务共享服务中心的转移，通过推动签订服务水平协议、业务分析、流程标准化及操作手册编写、业务转移培训、业务中试和最终正式切换，实现移管目标。

2. 财务共享服务中心设立管理的智能增强

在通常情况下，管理层都会要求财务共享服务中心的设立具有一定的前瞻性和领先性。自十几年前开始，财务共享服务中心的建立本身就具有强烈的创新特征，我们需要向管理层阐明所采用的技术手段能够达到当前的市场水平或竞争对手水平，并能够对企业自身的管理带来提升。很多企业在这个过程中也同步进行了与支持财务共享成务相关的信息系统建设，但总体来说，并没有超出当前互联网时代的技术水平。

而今天，在展开财务共享服务中心建设的过程中，无论是进行立项还是规划都必须考虑到即将到来的智能革命对财务共享服务的影响。

可以预见，基于信息系统的高度集成，数据信息能够自由获取，规则的自动化作业辅以人工智能作业的新的共享服务模式正在到来，也会在不久的将来逐步取代当前基于大规模人工作业的共享服务模式。实际上，这一进程一直在进行，只不过受限于技术手段和数据质量，我们所能感受到的仅仅是优化性的进步，如一些跨国外包公司热衷 RPA（机器流程自动化），就是在积极进行自动化替代人力的尝试。

因此，今天我们在建立共享服务中心的规划过程中，必须充分考虑到未来智能化技术对财务共享服务中心的影响，为当前财务共享服务中心的建设留下向智能化进行转型和拓展的接口。同时，我们必须认识到智能化很可能在最近的数年中出现爆发式的技术发展，财务共享服务中心必须有充分的认知准备，紧随技术进步，及时调整自身的运营策略，切换至智能化运营平台，以维持当前建立财务共享服务所带来的竞争优势。

（二）财务共享服务中心组织与人员管理

1. 财务共享服务中心组织与人员管理框架

财务共享服务中心组织与人员管理框架有以下方面。

（1）财务共享服务中心组织职责管理：能够基于业务流程清晰地梳理各环节所涉及的工作职责，并针对这些工作职责设置相匹配的岗位。在此基础上，通过提取汇总分散于业务流程中的岗位工作职责，形成财务共享服务中心的核心岗位职责。

（2）财务共享服务中心岗位及架构：能够清晰地定义财务共享服务中心在整个财务组织中的定位，明确其与现有财务部门之间的定位关系及职责边界。能够清晰地设计财务共享服务中心的管控关系，并基于岗位职责和管控关系搭建财务共享服务中心的组织架构及各架构层级的岗位设置。岗位设置应当能够做到不重不漏。

（3）财务共享服务中心人员招聘：能够对财务共享服务中心的人员编制做到及时跟踪预测，在人力产生潜在空缺可能时，能够及时展开人员招聘活动，通过合理的招聘周期规划，在人员缺口出现时及时进行人力补充。能够积极地拓展多种招聘渠道，建立与高校的紧密联系。能够建立面向同城其他财务共享服务中心的招聘渠道，必要时设置专业化的招聘岗位，或者获得 HR 招聘团队的有效支持。

（4）财务共享服务中心人员培训及发展：能够建立完善的人员发展体系，针对财务共享服务中心的人员特性设置与传统财务差异化的职业发展通道，实现在相对较短职业周期中的快速发展和及时激励。能够针对财务共享服务中心的人员特点设置有针对性的人员培训体系，高效提升运营人员的产能，并积极拓展员工的综合能力，以提高其主观能动性。

（5）财务共享服务中心人员考核：能够设立针对财务共享服务中心不同层级、类型的人员绩效考核体系。能够基于绩效考核体系推动财务共享服务中心运营效率的提升、成本的降低、质量和服务水平的提升。同时，也能够维持并激发各级人员的创新能力。

（6）财务共享服务中心人员保留：能够积极主动地针对财务共享服务中心的员工进行工作状态评估，对有潜在离职风险的员工进行及时主动的沟通，通过主动的行动实现人员的保留。同时，能够长期将财务共享服务中心的人员流失率控制在合理水平。

2. 财务共享服务中心组织与人员管理的智能增强

智能时代的到来，对当今财务共享服务中心的组织与人员管理提出了不一样的要求。

（1）从组织职责及架构设置来看，今天的财务共享服务中心在传统职能的基础上，必须考虑一些用于自我变革的职能。实际上，有不少财务共享服务中心还在纠结是否要用自动化来替代人工，并顾虑因此对现有团队的利益影响。本书认为，与趋势逆行是不可取的，我们应当在当今的组织中一方面继续针对传统的集中化人工作业模式展开运营的提升；另一方面应当设立创新科技组织，积极主动地展开自我颠覆。通过应用新技术，主动降低对人力的依赖，从而在这场变革中掌握主动。

（2）对于这一变革时期的人员管理，要充分做好面对自动化带来人力释放影响的准备工作。将分散的人员集中起来是一场变革，在这个过程中，我们已经经历了一次减员的挑战。而今天，把集中在财务共享服务中心的人力再消化掉是另一场变革。这一次，我们应当在人员的职业发展上有针对性地考虑未来智能化的影响，提前做好人员的非共享技能培养，以帮助部分人员在智能化过程中逐渐分流至其他岗位，而减少刚性人员裁减带来的剧痛。

（3）在人员的考核上，应当更多地关注对于人员创新能力的提升，传统的财务共享服务模式过于强调效率，这使得财务共享服务中心的员工并不热衷于使用新技术来改造现有的工作模式，而更倾向于一个稳定的工作环境。这对财务共享服务中心适应智能时代的发展变革要求是不利的，多一些主动的求变精神是智能时代财务共享服务的必由之路。

（三）财务共享服务中心流程管理

1. 财务共享服务中心流程管理框架

财务共享服务中心流程管理框架有以下方面。

（1）财务共享服务中心流程体系定义：能够基于企业所处的行业特征，识别自身的全面的会计运营相关业务流程，并搭建业务流程体系，对业务流程进行清晰的分类，定义流程子集。能够完整地识别、定义业务流程场景，并建立流程场景与流程的映射关系。

（2）财务共享服务中心标准化流程设计：能够基于业务流程体系展开财务共享服务中心的业务流程设计，标准化的业务流程体系应当能够清晰地定义流程的输入、输出、执行标准、质标准、匹配的流程场景等关键信息。能够通过流程图、流程描述等方式进行流程展示。

（3）财务共享服务中心标准化流程维护和执行监控：能够建立财务共享服务中心业务流程体系的维护和执行监控制度体系，由相应人员关注流程的日常维护，并定期针对业务流程的执行情况进行评估检查。能够针对流程中的执行问题采取及时的行动，对流程进行修正。

（4）财务共享服务中心流程持续改进：能够建立起业务流程优化和持续改进的机制，营造有效的流程优化氛围，鼓励各级员工提出优化建议。并能够建立起建议的评价和采纳机制。对于所采纳的优化建议，能够设立项目团队进行积极推进。此外，不定期地开展流程优化检视活动，主动发现优化机会也是十分重要的。

2. 财务共享服务中心流程管理的智能增强

业务流程优化是财务共享服务管理中极其重要的主题。在传统的流程优化过程中，我们试图通过对流程环节的挑战、对运营方式的转变来找到优化机会。当然，财务信息化在这一过程中也发挥了重要作用，高度的业务系统和财务系统的对接以及专业化的财务共享服务运营平台的建立，也大大提升了财务共享服务的流程效率。

而智能时代的到来，也让我们对流程优化有了更多的机会，如机器流程自动化技术成为人们关注的热点，它通过在全流程过程中寻找流程断点和人工作业的替代机会，在很多企业业务流程优化陷入瓶颈后，再次提升了流程自动化程度。

更值得期待的是，财务共享服务业务流程将伴随着基于规则的初级人工智能的应用，以及基于机器学习的人工智能的到来而获得更多的改进机会。在新技术的影响下，现有财务共享服务的流程会先从多人工模式转向"人智结合"模式，并最终迈向智能化模式。在这个过程中，业务流程的优化和改变并不是一蹴而就的，如会伴随着技术一步一步地改进，并最终实现从量变到质变的转换。

同时需要注意的是，智能化对财务共享服务业务流程的影响是端到端的。也就是说，财务共享服务运营的输入流程也在变化中，而前端的流程智能化进程也会对财务共享服务后端的运营模式产生重大影响，很多时候，财务共享服务中心从人工向自动化、智能化的转变根本上就是前端流程直接带来的。

（四）财务共享服务中心运营管理

1. 财务共享服务中心运营管理框架

财务共享服务中心运营管理框架有以下方面。

（1）财务共享服务中心绩效管理：能够针对财务共享服务中心制定完善的绩效评价标准，设定相应的 KPI，并进行有效的管理考核。财务共享服务中心的绩效标准应能够进一步细分至各业务团队，并最终落实到每个员工。

（2）财务共享准入管理：能够针对财务共享服务中心设立业务准入评估模型，对于服务对象的共享需求能够展开准入评估，判断其是否符合财务共享服务的运营特点，并予以纳入共享。必要时需要建立独立于共享中心与服务对象的准入评估机构，以实现对难以达成共识的准入事项的仲裁。

（3）财务共享 SLA 及定价管理：能够针对纳入共享服务中心的业务产品。定义共享服务中心与其服务对象之间的服务水平协议。服务水平协议应当对服务双方均能够进行有效的约束，规范服务对象的输入标准，规范共享服务中心的产出标准。基于服务标准，结合财务共享服务中心的成本能够设定公开透明的内部转移价格。

（4）财务共享管理人员管理：能够对财务共享服务中心的管理团队展开有效的培养及管理，有效评价管理团队的管理能力，及时优化管理团队的人员构成，建立起有效的管理团队成员的选拔和晋升机制。同时，也需要建立必要的考核和淘汰机制，针对关键岗位建立必要的轮换机制。

（5）财务共享风险与质量管理：能够针对财务共享服务中心建立风险管理和质量管理机制，积极推动 RCSA[1]、KRI[2]、重点风险事件管理等操作风险工具在财务共享服务中心的应用，积极推动全面质量管理、六西格玛管理、精益管理等质量管理工具在财务共享服务中心的应用，构建良好的风险和质量文化环境。

（6）财务共享服务管理：能够对财务共享服务中心的服务管理建立科学、专业的管理体系，构建清晰的服务方法、服务工具，对财务共享服务中心的服务满意度水平进行有效的衡量，并积极推动服务优化，提升服务对象的满意度。

（7）财务共享信息系统管理：能够积极推动财务共享服务中心作业相关信息系统的优化和改进，主动提出改进和优化业务需求，并配合信息系统管理部门共同实现对信息系统的优化提升。

2. 财务共享服务中心运营管理的智能增强

对于财务共享服务中心的运营管理来说，不少财务共享服务中心还停留在依靠人工进行管理分析的状态。因此，提升财务共享服务中心的运营管理水平，首先应当提升运营管理的基础信息化水平。

在提升基础信息化水平方面，可以借助信息系统实现绩效指标的管理，并应用于绩效看板和绩效报表。在准入评估方面，可以进行系统化的评估流程执行，并将评估模型系统化。在 SLA 和定价方面，能够基于系统进行 SLA 的各项指标的计算和出具报告，并据此结合定价标准测算出具各服务对象的结算报表。在风险管理方面，能够将 RCSA、KRI 及重大风险事项管理三大操作风险管理工具系统化，并应用于财务共享服务中心。在质量管理方面，能够将质量抽检、质量结果反馈、质量报告出具等质量管理过程系统化。在服务管理方面，能够构建邮箱及热线系统，以支持客户服务的专业化。

---

[1] 操作风险与控制自我评估（Risk Control Self-Assessment，简称"RCSA"，又称"操作风险自评估"）是指公司识别和评估潜在操作风险以及自身业务活动的控制措施、适当程度及有效性的操作风险管理工具。

[2] 关键风险指标（KRI）是监测操作风险状况的主要工具，也是支持风险识别和评估的重要手段之一。

而在新经济下的智能时代，我们能够在上述信息化手段建立起来的基础之上，引入大数据技术，提升对财务共享服务中心在绩效分析、风险发现、质量评价、服务跟踪等方面的深入管理，依托更为丰富的数据输入，提升财务共享服务中心运营管理的层次。

（五）财务共享服务中心外包及众包管理

1. 财务共享服务中心外包及众包管理框架

财务共享服务中心外包及众包管理框架有以下方面。

（1）服务模式战略管理：能够明确自营、外包、众包等财务共享服务中心实现模式的优缺点，选择符合企业自身需求和特点的战略决策。选择适合自身的管理模式，进行财务共享服务的建设。

（2）外包供应商选择管理：在引入外包的财务共享服务模式下，能够对外包商的规模、与分包内容的匹配情况、成本、服务能力、交付质量等方面进行有效的评估，建立外包商评价机制及外包商资源池。能够根据需要，选择适合企业情况的合适的外包商。

（3）外包商交付管理：能够对外包商的交付过程实施有效的管理，建立交付过程管理规范，必要时设置驻场交付管理经理，对交付质量、交付时效、交付成本等关键交付指标进行主动管理，与外包商建立良性互动，持续改进外包商的交付能力。

（4）众包平台搭建：对于选择众包模式的财务共享服务中心来说，能够搭建满足众包模式需求的众包平台，平台支持任务的拆解及发布，支持用户进行高效的众包作业，支持任务完成后的组装，支持特殊情况的处理。对于财务共享服务中心来说，也可以考虑选择第三方众包平台直接发布任务。

（5）众包平台用户获取、服务及管理：对于自建平台的财务共享服务中心来说，需要积极主动地推广平台，获得支撑平台任务作业处理的公众参与，能够对平台参与者进行培训和服务管理，提升平台用户的作业技能与作业效率，帮助平台用户与财务共享服务中心获得双藏回报。

（6）外包及众包风险管理：能够有效地管理外包及众包过程中的潜在风险，关注外包商之间的信息及数据安全问题，加强外包商现场及非现场作业情况下的信息安全管制。对于众包用户来说，能够通过技术手段拆解任务单元，减少任务单元的信息量，并实现任务单元的随机分散处理，减少用户还原完整信息的可能性。同时，应当加强相关作业平台的网络安全。

2. 财务共享服务中心外包及众包管理的智能增强

外包与众包模式是企业财务共享服务中心采取轻资产运营的产物。外包模式由来已久，是相对传统的业务模式，而众包模式本身是智能时代的创新产物。无论是外包还是众包，都能在从人工运营向智能化运营过渡的过程中，帮助财务共享服务中心解决人工智能作业所需要的数据输入的问题。

结合 OCR 技术①，并辅以外包或众包，财务共享服务中心能够在现阶段比较好地完成财务业务处理输入数据的采集工作。这些数据的获取能够让我们有机会在财务共享服务中心应用基于规则的自动化作业或机器学习技术，在国内还需要大量依赖纸质原始凭证的环境下，率先一步实现智能技术的应用。而在未来，前端数据的全电子化实现，将替代对外包或众包的需求，并最终迈向全流程的智能化处理阶段。

二、大型企业财务共享服务中心的建设思考

随着国内财务共享服务中心的风潮渐起，不少大型企业也加入了建立财务共享服务中心这个行列。但是大型企业建立财务共享中心和单一企业是不一样的，需要面对和解决更多的问题。我们从大型企业财务共享服务中心的建设策略、建设风险和实现路径三个方面来展开战略思考。

（一）大型企业实施财务共享服务的建设策略

针对大型企业财务共享服务的建设，在顶层设计层面，从"管模式"和"控变革"两个角度进行管理；而在落地实现方面，则可以重点关注"定标准""建平台"和"重实施"三个方面的内容。

1. 顶层设计策略

（1）管模式

大型企业的财务共享服务模式构建，需要从定位、角色、布局、路径四个方面进行规划设计。

第一，定位规划。财务共享服务中心的建立将带动整个财务组织的变革。因此，需要清晰地规划设计财务共享服务中心与企业总部财务、下级机构业务财务之间的关系。在财务共享服务中心建立之前，应当明确其在整个财务组织中的管控、汇报关系，明确各项业务横向与总部其他财务部门、纵向与基层财务之间的职责边界。同时，还需要考虑财务共享实施后，如何推动基层释放的财务团队的转型。

---

① OCR 技术一般指光学字符识别。OCR（Optical Character Recognition，光学字符识别）是指电子设备（例如扫描仪或数码相机）检查纸上打印的字符，通过检测暗、亮的模式确定其形状，然后用字符识别方法将形状翻译成计算机文字的过程。

第二，角色规划。财务共享服务中心的建立未必在企业层面，所以需要明确企业总部财务在建设过程中的职能和角色。常见的角色定位包括运行总体规划建立标准、规划并兼顾财务共享服务中心建设的项目管理、规划并直接负责共享服务中心的建设落地等。应当及早明确企业或总部的角色定位，并进一步明确其与下级机构之间的角色分工。

第三，布局规划。大型企业财务共享服务中心有单一中心和多中心两种模式，多中心模式又可基于流程、业态板块、区域或灾备等区分各中心的布局定位。企业建设财务共享服务中心时，应当提前明确布局规划，根据自身特点选择合适的模式。在选择时，可从业务的多元化程度和对业务单元的管控力度两个方面综合考虑。

第四，路径规划。大型企业的财务共享服务中心建设难以一蹴而就，需要分批次有序推进，在推进路径上可以按照流程、地域或业务单元推进等多种不同的模式开展。各种推进模式均有利弊，总体来说，按流程推进对财务自身来说复杂性较小，而按地域或业务单元推进对业务部门的影响较小，企业可根据自身的实际情况进行评估选择。

（2）控变革

在顶层设计阶段，变革管理的重点是风险的预先识别以及风险预案的准备。在变革过程中，需要将更多的精力付诸风险事项的过程监控。财务共享服务中心的建设需要重点关注和管理变革风险，好的变革管理能够为项目的成功落地提供重要帮助。

2. 落地实现策略

（1）定标准身

大型企业的财务共享服务设立需要着重关注标准化，从组织、流程、服务水平三个方面进行规划设计。

第一，组织架构标准化。在大型企业财务共享服务的推进过程中，组织架构标准化能够加速管理复制的速度，增强组织管控的力度。组织架构标准化首先需要对组织的职责进行有效的识别，先行建立流程和职责的标准化，在此基础上构建统一的管控关系和标准化的岗位体系。

第二，业务流程标准化。业务流程标准化首先应当构建清晰的流程分类体系，定义业务场景并建立业务场景和流程之间的对应关系。此后，基于细分动作，进行属地、职责、支持系统的标准化定义，并形成流程模板，进而汇编流程手册。推进流程标准化对大型企业的业务规范将起到至关重要的作用。

第三，服务水平标准化。大型企业的下级单位数量众多，人员规模庞大，推进服务标准化尤为重要。财务共享服务中心应当明确其对客户的服务模式、服务边界，并建立制度化的服务规范。在和下级单位客户进行内部结算时，还需要制定相关的指导标准，以明确双方的权利责任关系。服务管理相关内容也可以通过服务水平协议的方式进行规范和标准化。

（2）建平台

大型企业的财务共享服务中心需要建立相关的作业系统支持平台和统一的运营管理平台，具体应该做到以下几个方面。

第一，规范系统平台建设的要求。企业在建设财务共享服务中心时，应当对未来系统平台的架构进行规划设计，明确财务共享服务支持系统的主要功能、系统架构以及与外围系统进行集成的总体要求，进行合理的系统选型、需求设计、功能开发。同时，系统平台的建设，还需要设计完备的上线策略，妥善安排相关人员的培训。

第二，建设运营支持平台。大型企业财务共享服务中心的人员数量、团队规模相对庞大，需要建立统一的运营支持平台，以提升整体的运营效率。在企业层面建立运营管理团队，形成自上而下的抓手尤为重要。在具体实施时需要明确企业财务共享服务支持平台的职能职责、工作方式，明确各级财务共享服务中心的运营绩效要求，并对结果实施评价。

（3）重实施

财务共享服务的最终落地是一个注重细节、复杂的过程，需要相关各方投入资源和精力。对于企业和总部来说，更应当积极地参与各业务单元财务共享服务的建设过程，树立标杆，推动全局计划的落地实施。

大型企业财务共享服务的建设需要谋定而后动，从顶层设计和落地实现两个方面进行全面考虑，控制实施风险，提升实施效果。

（二）大型企业实施财务共享服务的建设风险

大型企业实施财务共享服务的建设风险包括与业务部门相关的风险、与财务人员相关的风险、与业务领导相关的风险及其他风险四个方面。

1. 与业务部门相关的风险

（1）业务流程转变带来的满意度降低的风险

第一，风险描述。实施财务共享服务后，业务流程将发生重大改变。报账凭证将从面对面服务转变为异地服务，由于信息传递链条加长，如果管理不当，业务部门的服务满意度将存在下降的风险。

第二，应对措施。在流程设计上应充分考虑上述因素带来的影响，减少对业务的冲击，减少不必要的审批环节，提升流程流转效率。同时，加强对全流程的时效管理，借助信息化手段提升业务处理效率，推动服务体系的建立，提升业务部门员工的满意度。

(2) 财务共享后基层业务部门对变革抵触的风险

第一，风险描述。由于对财务共享不理解，担心被集权或利益被触及，财务共享服务中心的实施必然会面对来自机构业务和财务人员的抵触。

第二，应对措施。在实施方案中应充分安排沟通宣导，解决其关心的核心利益问题，获取各级领导和基层员工的支持。在实施过程中应尽量降低员工的抵触程度，缩短抵触周期。此外，应当明确业务部门比较敏感的领域不会发生变化，如资源配置权力、与银行等合作机构的关系等。

(3) 财务共享后业务财务支持能力下降的风险

第一，风险描述。财务共享服务后，由于基础财务核算和出纳职能上移至共享服务中心，如果没有及时落实基层财务的转型和业务支持模式，容易导致基础财务支持的脱节，带来业务部门的不满。

第二，应对措施。在进行财务共享服务方案设计的同时，应当同步考虑基础财务转型后的工作内容的设计，财务共享的实施不应当削减基层财务过多的资源，而应当保留适当的人员实现结构化转型。

2. 与财务人员相关的风险

(1) 财务共享服务后人员调动和分流的风险第一，风险描述。财务共享服务后，基层员工存在调动至共享服务中心、转型至业务财务、分流至其他部门甚至离开公司的可能性。人员的抽调存在员工难以适应异地变迁，产生抵触情绪的风险。

第二，应对措施。针对基层财务人员进行财务共享宣导，帮助其及时了解财务人员的未来工作意向，在人员安排上尽可能实现匹配。积极做好调动和分流人员的安置工作，以保障变革平稳推进。

(2) 财务共享服务后基层财务人员转型的风险

第一，风险描述。在基层财务中涉及转型业务财务的员工，由于长期从事核算和出纳工作，此类人员的转型受其工作经历、学习能力的影响，可能出现部分人员转型困难的风险。

第二，应对措施。通过多种方式加强对基层财务人员转型的培训，同时，针对业务财务工作建立自上而下的指导体系；对各项工作建立标准化和模板化的工作指引，降低转型后的工作难度。

3. 与业务领导相关的风险

(1) 标准化对业务领导管理习惯改变的风险

第一，风险描述。在财务共享服务建立过程中会进行大量的标准化，在对业务制度

（如分级授权体系）进行标准化的过程中可能会影响业务领导的管理习惯，从而带来抵触的风险。

第二，应对措施。标准化的建立仍应当保留适当的管理自由度，通过管理模式套餐的方式，平衡差异化的管理需求和标准化的诉求。

（2）信息系统建立后对业务领导审批习惯改变的风险

第一，风险描述。实施费控系统和影像系统后，业务领导的审批模式将从纸面审批转变为电子审批，业务领导难以再见到实物单据，带来审批习惯的转变，部分领导难以适应，会带来抵触风险。

第二，应对措施。需要公司从文化和理念上进行自上而下的转变，明确业务领导审批应更多地关注业务的真实性与合理性，财务审核的重点则是管控原始凭证的真实性。

4. 其他风险

企业实施财务共享服务的其他风险主要表现为信息系统建设风险。

第一，风险描述。财务共享服务的实施需要完善的 IT 系统的支持，在较短的时间内完成费控系统、共享作业系统、影像管理系统等多个信息系统的部署。同时，需要打通系统间的接口，尽可能实现业务的自动化处理，提高业务处理效率。由于涉及多家供应商，对系统建设的项目管理存在风险。

第二，应对措施。借助第三方监理进行统一的 PMO[①] 管理，通过统一协调的管理平台，保障系统实现进度，控制实施风险。

（三）大型企业财务共享服务中心的建设路径

总体来说，大型企业在建设财务共享服务中心时有四种可选路径。

1. 一盘棋模式

在这种模式下，企业业态往往比较单一，由企业总部牵头并主持财务共享服务中心的建设，各项具体工作也由企业来统筹完成。企业总部制定全企业财务共享服务中心的总体规划路径，组织并负责实施推广。各业务单元在企业总部的统一领导下，全力配合共享服务中心的建设工作。因此，共享服务中心的建设往往是一鼓作气完成的，上线的时候就是一个统一的完整的共享服务中心。这种模式可称为"一盘棋"的模式。

2. 由点及面模式

在这种模式下，企业业态单一或者各业态的相关程度较高。

[①] 项目管理办公室是企业设立的一个职能机构名称，也有的称作项目管理部、项目办公室或项目管理中心等，英文为 Project Management Office，缩写简称 PMO。

企业总部在各业务单元分别选出几个试点单位，各业务单元试点单位分别建设各自的财务共享服务中心。之后，由企业总部根据各试点单位的建设成果，组织专人统一分析、提炼，形成企业统一的共享中心模式，并指导各板块其他成员单位进行推广与优化。这种模式可称为"由点及面"的模式。

3. 制度先行模式

这种模式比较适合相关多元化企业。可以由企业总部先行出台企业整体的财务共享服务中心的规划与指引（包括组织建设与汇报关系、业务模式、服务机制、系统功能、制度体系等），各业务单元遵从总部的规范，结合其具体业务特征，自行建设财务共享服务中心。因此，最终建立的共享服务中心可能是基于多元业态板块的多中心模式或者一个大中心下多个分中心模式。

4. 上下结合模式

这种模式在实际中的案例并不多，可以考虑在非相关多元化的企业内进行尝试。在这种模式下，企业总部建立一级财务共享服务中心，将各业务单元具有共性的或易于集中的业务进行共享（如费用报销、资金结算等）。各板块将剩余的交易处理业务进行共享，形成二级共享服务中心（如应收、应付管理等），二级共享服务中心向一级共享服务中心汇报。二者须同步建立，因此从路径的角度可以理解为一种并行路径，可称为"上下结合"的模式。

第二节　财务转型的方向：企业司库

在当今这个商业世界剧烈波动的市场环境下，不管是高效的资金交易管理、资产负债及资金的流动性管理，还是财务风险管理，司库的职能都是企业流畅运转的重要齿轮，也被称作企业的生命血液。司库是企业管理层的核心组成，当企业确保司库领导力已经得以实现时，将会为出色的财务绩效搭建平台，铺平道路。因而，对于财务转型来说，司库建设是一条不容忽视的路径。如果说财务共享服务是基于财务视角解决会计核算问题，那么司库则是基于资金视角来考虑如何解决出纳问题，进而优化企业金融资源的配置效率。对于解决出纳问题这一主线来说，最终进化升级完成后，将形成以司库长领衔的一套独立的组织与运作体系，也就是所谓的司库体系。

一、企业司库及角色定位

（一）企业司库的概念界定

根据《现代汉语词典》（第 7 版）的解释，司库是指团体中管理财务的人。根据郭道扬的《会计史研究》（第 1 卷），司库的历史可以追溯到隋唐时期财计组织中所设置的金部、仓部、库部、司农寺、太府寺等职位。目前普遍认为司库的英文为"Treasury"，按照《牛津高阶英汉双解词典》（第 7 版）的解释，是指英国、美国和其他一些国家的财政部，或者是指城堡等中的金银财宝库。而与之相关的另外一个英文"Treasurer"才是指一个俱乐部或者组织的司库。根据这些解释，我们可以初步得出一个结论，司库可以是一种与管理国家财物有关的职位或者岗位，也可以是用来保存这些财物或者汇集这些财物的地方，如金库、国库。

司库概念运用到企业，则最早可以追溯到欧美国家的 20 世纪 70 年代，作为企业战略目标实现的重要手段之一，司库首先在一些大型企业和跨国公司中进行应用。企业司库也从最早的现金管理发展为流动性管理、财务规划与决策、投融资决策、风险管理、信用管理、企业员工养老金管理、与银行及其他金融机构的关系管理、融资渠道管理等众多领域。随着企业经营成熟度的提升，管理者愈加认识到财务管理在企业管理中的核心作用，更为重要的是，人们逐步认识到现金管理在财务管理中的核心地位。基于这种认识，企业司库逐步从会计职能中独立出来，成为与企业会计部门平行的企业司库管理职能部门。

如今，在更为先进的网络信息技术和金融系统的推动下，企业开始将与司库管理相关的功能进行更为专业化的集中管理，提升企业资金管理的效率，降低资金使用成本和资金使用风险。商业银行也在这一时期，从自身业务发展的角度出发，开始推出各种现金管理业务，包括成立司库管理部门，以期在产品创新、人员配置、技术服务咨询等方面去对接企业司库管理的部门或者职能，争取更多的高端企业和机构客户。

单纯地从司库这两个字而言，司是主持、操作、经营的意思，库就是库房，司库的字面意思就是指看管库房的人。从西方国家关于企业司库的运作过程来看，现代意义上的企业司库则是指一种岗位，即企业资金管理部门的最高负责人，这个岗位是与主计长平行的一个岗位。企业司库管理则是将传统的资金视为金融资源，从企业战略与价值创造的视角出发，基于目前的资金集中管理系统，利用更为先进的管理制度、IT 手段、完善的金融市场来持续提高企业整体资金收益的一系列活动。

（二）企业司库在企业中的角色定位

我们认为，企业司库在企业中的角色定位是一个复杂的决策问题。在大多数情况下，它会受到公司的规模与复杂程度、行业的运作和发展阶段、母子公司所在国家、投资者的性质、企业面临的风险的性质与规模、公司的信用实力、财务主管的经验与素质、企业历史、文化和组织结构、企业发展的生命周期与阶段、行业性质等多种因素的影响。

举个例子，在职能定位方面，司库的角色在很大程度上取决于个体企业和组织类型。工程公司可能会在长期债务或者资金融资时需要具有税务技巧的司库；零售和消费者组织可能会需要具有贸易谈判技巧的司库，他们可能需要与交易目标公司谈判；制造公司可能需要营运资本的专业知识以加速采集和收款流程；全球性企业可能会重点关注跨国的资金管理运作技能。此外，对于中小型企业，司库更多地发挥服务或者管控的角色，大型企业则期望其发挥服务与管控并重，并在此基础上与战略结合创造价值。这样就使得司库在不同环境下呈现出不同的角色定位。

通常而言，企业的首席财务官负责企业全面的财务管理工作，其下设财务部门和司库部门，分别由财务总监和企业司库负责，他们的下面再设置有若干岗位。司库要和财务总监一起向首席财务官报告。

财务总监的主要职责是根据外部监管需求、利益相关者需求及企业内部的管理需求，通过各种会计核算的信息系统功能提供他们所需要的信息，以供首席财务官进行决策使用，这是一套财务管理信息系统。其具体职责是充分利用财务报表核算体系、司库管理体系为管理的各种需求提供信息决策使用。为了更好地发挥这种信息决策功能，增加其价值的创造能力，许多跨国公司和跨地域的大型企业会将其中的核算职能逐步外包给财务共享服务中心去完成，这使得更多的会计核算人员从低附加值、重复程度高、劳动力密集型的工作中解脱出来，去从事更加具有价值的业务型财务和战略型财务，并积极研究各个层次管理者的需求以便提供给管理者决策所需要的信息。

企业司库则从资金管理的角度负责流动性管理、全面管理企业财务风险、安排企业内外部的融资、进行短期和长期投资、管理企业与银行及其他金融机构的关系，制定和执行企业司库管理的政策和程序，这是一套财务管理理财职能系统。企业司库管理系统结合财务管理信息系统的组织架构特征与变革，也逐步构建了一套战略决策层、操作层、基础流动性管理层的组织架构体系。并且，许多跨国公司和跨地域的企业公司也开始将基础流动性管理的职责外包给财务共享服务中心去完成，这时的财务共享服务中心充当了"支付工厂"的角色，大大释放了企业司库基础操作层面的人员，提高了现金的可见性，这使得企业司库管理的运作更加与业务和战略决策层面结合，能够更加释放企业司库的价值创造功能。

二、企业司库管理的主要内容

(一) 企业司库设计

司库设计是指将司库的功能、人员和流程组织起来，使其高效有序地运行。由于实现目标的路径和模式可能不止一个，所以在为组织机构设计有效的司库时要参考一些其他因素，包括成本、决策和决议所需的周转时间、广泛而严格的控制、资本的可用性和多样性、不同地域的法律环境、公司遵循的会计惯例和业务运营所在地的会计环境、税收、自动化程度、当前和未来的交易量、经营规模的增长、竞争对手和行业情况的动荡预期等。此外，司库的三大职能——交易管理、资产负债表和流动性管理、风险管理，也是司库设计要考虑的基础性要素。

在司库设计过程中，要重点关注以下八个关键要素。

一是系统设计。系统设计涉及各个方面和诸多因素，需要综合考虑。

二是人员和组织结构设计。人员和组织结构设计是指确定合适的人员，使他们掌握合适的技能，并将其放在合适的岗位上，且有合适的报告途径。它还与集中化程度和外包决策有关。

三是流程设计。创建在具备可控制、可衡量、可切换的完备流程的基础之上，流程设计为司库职能构筑堡垒。

四是控制设计。强大的控制要素是针对实施和执行过程中潜在危险和情况的保护措施。即使司库设计的其他要素都已具备，一个薄弱的控制设计将会削弱已实施的司库设计和流程的力量。

五是账户结构设计。设计合适的账户结构是一个经常被忽略的要素。临时账户开立不仅会提高成本、降低控制力度，还会导致降低透明度，达不到现金的最优配置。在有些国家，监管状况也会影响与账户结构相关的决策。

六是现金流设计。现金流可以在不同的时点以不同的形式或币种发生在不同的地域。集中管理这些现金流可以降低成本，增强控制和提高现金流的可见性，从而大大提高效率。

七是资本结构。司库在交付过程中需要考虑的一个重点是确保企业资金充足，且企业为资本所支付的价格在该情况下是最低的。此外，资本结构是影响企业的信用评级、财务认知和绩效的因素之一，也是潜在投资者和贷方评估的重要方面之一。

八是风险架构。风险架构包括风险管理和风险结构，是司库设计的最重要的要素。

（二）企业司库政策

1. 司库政策的基本框架

通常，司库政策分为正文和附件。其中，正文包括司库管理的整个思维过程和方法，附件包括特定的执行方面。

原则上，董事会批准司库政策的正文和附件，并且给予司库管理团队在首席财务官的监督下定期实施司库政策的灵活性。

为了确保与市场和业务发展同步，企业可能需要在每个季度对附件进行审查，而对整个政策和政策本身的绩效只须每年进行一次审查即可。

司库政策的正文一般分为以下五个部分：①基础，包括基本原理、背景和理念、范围、运营和控制、目标、政策批准和审查、不合规和异常解决方案、和会计政策的一致性、行为准则等；②角色和职责；③交易管理；④资产负债表和流动性管理；⑤风险管理。

附件，包括需要管理的风险、要旨、风险管理和投资的数额及时间范围、授权的产品和安排、授权的签署人和限制、风险管理工具（如预算价格）、情景等。

2. 司库政策的要点分析

（1）异常情况处理。司库的规模越大，异常情况就越容易发生。司库政策必须包含：处理异常情况的要素、解决方案和调整方法、程度和追踪等。企业要对每一个异常情况进行审查，并确认该类异常情况已包含在政策中。刚开始，司库政策可能不包括所有类型的政策。因此，除了从根本上纠正问题，司库还必须确保新的异常情况或者问题类型及其解决方案包含在司库政策中。

（2）贴近市场。通过定期市场监测来管理风险并不是一件轻松的工作，司库要贴近市场、理解市场动态，当市场出现有利变动时，抓住机会，当市场出现不利变动时，及时采取相应措施。为此，市场信息系统（如 Reuters Eikon）几乎是司库在风险管理中不可或缺的工具，能够为司库提供市场动态，并且通过各种媒体定期进行信息更新。

（3）竞争策略。司库部门的竞争策略是制定政策和方法的重要参数。如果该企业或者司库部门处于领导地位，司库可以选择反行业策略。许多司库，尤其是成长型企业的司库，在确定方法之前，一般会考察市场最佳实践和行业动态。

（4）选择正确的产品。正确的产品对对冲十分重要。有时，企业会选择一些对企业而言并不是最恰当的对冲产品。

3. 司库政策的审查

（1）限额及其使用情况的审查。限额和限额使用情况的审查对司库政策来说也很重要。限额一般是指市场因素的最大（或最小）风险程度。例如，企业在货币市场的投资不能超过1亿美元，持有的欧元余款不得低于总余款的10%，只能对冲最多70%的日元风险，第一年不对冲的西德克萨斯中质原油风险不能超过2500万美元。一旦超过限额，司库要立刻予以纠正。如果出现经常性的限额违反，司库需要分别从合理性、运营或者交易商纪律的角度来对限额进行审查。类似地，如果存在大量未使用的限额，司库也要审查该限额对特定市场因素来说是否设置得过高。此外，司库政策也包括对交易对手（投资或者存款）和授权人员的限制，同时要注意对这些限制的审查。

（2）政策的成功和失败。董事会和首席执行官通常会将在实施后不久就能够生成利润的司库决策或者政策视为好的司库决策或者政策，而在短时间内，如果该政策使企业遭受损失，也会给该政策蒙上一层阴影。这个思维过程会不断强化。

（3）和企业商业计划的联系。司库政策中与增长、现金流、融资、投资和风险管理等有关的所有政策都必须和企业的商业计划紧密相连。那些管理出色的企业会更加注重商业计划和远景。它们最开始就会将司库对划的意见考虑在内，并会就商业决策和策略的实施中涉及的资产负债表、风险，或者其他实施要求做足准备。比如，如果某个美国大型工业企业打算进军南非市场，此时该企业的司库就要和业务经理保持密切合作，构建金融基础结构，妥善解决业务落地时的支付、托收、融资和货币等问题。

4. 司库政策的实施问题

司库政策的实施在政策制定过程中通常会被忽略和低估，通常涉及以下几方面的问题。

（1）经销商相关限制。在和市场相关的交易中，制定和交易者相关的交易限制是一个探索的过程，企业可以通过时间积累找到平衡点。这些限制涉及经销商使用频率、在不耽误决策的前提下各种限制适用的情况、增加的授权、对交易商相关限制的经常性违反。

（2）寻找合适的价格到决策所花费的时间。有些时候，一些级别较高的交易需要得到高级管理层的批准，但是由于频繁出差和繁忙的会议日程，高级管理层可能无法立即做出批准。因此，当存在大量未决策交易时，企业可以进行目标级别交易预批准，或者确定每个交易的授权范围。毕竟，市场机会稍纵即逝，可能等不及首席财务官结束会议后再做决定。

（3）输入和核对。每一条信息输入都要有一个输入者和核对者，尤其是后台的信息输入。不管输入信息的规模如何，除非是手动，否则输入信息都必须经由单独的办公人员批准。工具、支付、账户转账等也必须由两个人操作，以确保某种级别的控制。在某些情况下，从重要性角度讲，也要设置无须批准的阈值。

（4）独立的后台部门。从控制的角度来说，后台部门的独立性很重要，尤其当司库是一个较为积极的领导者时。同样，中台部门报告也要独立于前台部门和后台部门。

（三）司库管理系统的建立

系统之所以重要在于其实施所带来的最终结果，即更好的财务状况。任何项目的成功，包括系统实施，都取决于是否能够使企业获得效率，进而获得财务效益。只有当系统实施（或者不实施）间接和直接地改善了企业的财务绩效时，我们才说该决策是成功的。

在当今社会，司库越来越依赖技术、流程，以及基于技术的信息流。通常企业的系统体系，包括集中化司库、分散式中心及其拥有各自系统和联系的各个子公司。这些组成部分可能存在于一个单独的司库管理系统（TMS）中，也可能根据各自的系统职能而分布。

司库管理系统（TMS）的一些功能能够为司库在处理和支持流程等方面提供帮助。这些功能包括银行、资产负债表和资金、市场和风险、现金流、交易输入、后台部门（运营）、中台部门（流程和控制）、现金流、预测及分析。

司库管理系统（TMS）通常和企业的总账（GL）系统或企业资源计划（ERP）系统有联系，也和企业体系的其他系统有联系。

以下将对TMS建立的10个简单步骤进行研究。

1. 项目团队和工具创造

决定系统并且帮助系统完成的项目团队应该由关键成员组成，团队关键成员应是系统直接或者间接受益人。

TMS项目团队由项目经理领导，要包括那些对司库运作有全面了解的不同职能部门的成员，并根据运营的复杂性选择其他职能部门的成员。有些司库坚持要将所有职能部门的成员包括在项目团队中，认为这样能够激发成员的热情和积极性。建议在选择队员时要审慎。

一旦TMS的选择过程结束，该团队的使命就正式结束，但是一般而言，实施团队会接受项目团队成员，并做轻微调整。当然，为了保持连续性，两组队员最好保持一致。

2. 需求分析

需求分析的目的是筛选出进入信息征询（RFI）阶段的关键需求。根据TMS的关键特性筛选得出的清单是参考要素之一。以下方面需要重点关注。第一，现有系统环境和自动化程度，包括ERP/GL系统和其他实体。第二，哪些程序需要自动化？是用新系统替代现有系统,还是进行一次彻底的新的自动化?哪些程序和行为需要被替代,或者需要进行改进以提高效率?

3. 公布系统 ID

在该阶段,企业除了要做出实施决策和预估实施可用系统的大概预算外,还要收集可用的系统,以便为该商业案例做好充足准备。此外,也要通过充分的信息收集,形成一份长的供应商列表。

4. 商业案例——里程碑 1

当开始为商业案例做准备并且项目获得管理层批准时,企业就迎来了第一个里程碑。如前所述,TMS 的建立,一方面,会带来潜在的成本节省和效率的提高;另一方面,也会降低运营损失和控制失误的可能性。本阶段将会量化以上两方面给企业带来的收益。企业需要量化 TMS 实施所带来的初始节省和年度节省。此外,成本的量化可以使人们对系统实施的最大成本或者盈亏平衡成本有一个大体的了解。

一般而言,商业案例应该经管理层团队批准,该管理层团队包括首席执行官、首席财务官,有时还可能包括业务主管。

除了官方认可和预算外,管理层批准是对团队工作的全面性和理解性的一个良好测试。管理层的问询也会给团队提供角度和深度,帮助团队提高系统满足需求的能力和系统本身的稳健性。

5. 信息征询(RFI)——里程碑 2

信息征询(RFI)是实施过程中第二个里程碑。其目的在于识别出各种供应商,并从供应商处获得信息,最终形成一个用于 RFI 的简短列表。此外,还要确保 TMS 的性能列表包括所有相关性能。

企业要和长列表中的供应商进行联系,并且从供应商处获得能够使他们进入简短列表的具体信息。在该过程中,需要注意以下两个方面:第一,向供应商提供足够的信息,帮助他们理解解决方法,但是也不要给予太多的信息,以免影响供应商发挥其自身的才智和创造力;第二,鼓励供应商表现其自身价值,并向其指出他们的所思所想可能会被采用。记住该实践会丰富企业自身的需求列表,并且有可能使企业注意到一些一开始就忽略的方面。

6. 建议征求(RFP)

一旦 RFI 阶段收集信息完毕,需求列表和最终 RFP 模板就会确定下来。简短列表中的供应商确定,入选的供应商进入最后选择阶段。

简短列表中的供应商通常会在客户的办公室进行展示，以证明其系统和系统性能。如果可能的话，供应商可以在虚拟系统或者试验系统中给企业设置用户 ID，使团队成员能够在其方便时访问该系统，感受系统性能。此外，企业也应鼓励供应商尽可能地提供一些能够帮助企业决策的相关信息，当然，也不要提供太多信息，以防造成信息过量。

7. 选择——里程碑3

供应商的选择和决策是第三个里程碑，也是最重要的一个。企业可以按照一定的标准给每个供应商评分，然后去掉最高分和最低分，计算得出每个供应商的平均得分。

该得分只是一个数字，企业还必须考虑其他因素，包括整体方法、期限、企业根据自身经验给出的主观感受、和供应商的关系等因素，尽可能地使该选择过程透明和可审计。

如果排名最高或者接近最高分的供应商不止一个，企业要进一步考察所有接近最高得分的供应商。在供应商选择过程中，成本因素是应该考虑的重要因素，但并不是唯一因素，企业应该综合考虑各种因素。

8. 实施和集成

一旦供应商选定，接下来就是实施 TMS。由于在实施过程中，需要将 TMS 融合进企业的程序、现有系统和环境中，所以我们在研究实施时一并研究集成。

在实施和集成时，必须建立团队，该团队可能是选择团队的衍生团队，不过须添加来自供应商一方的成员，这样有助于转变过程顺利实现。

在测试阶段，团队需要包括来自各个职能部门的代表。

企业可使用项目管理工具和追踪方法来管理实施和集成过程。

9. 审查和评估——KPI/里程碑4

审查和评估是最后一个项目里程碑，评估和度量系统实施的成功很重要。在该阶段，要提前制定用于测试系统有效性和适用性的关键绩效指标（KPI），这些指标要可测量且可量化。

10. 维护

系统的持续管理、定期审查和供应商管理是一个持续的过程。司库职能部门要在 IT 职能部门的支持帮助下给予系统足够的管理。

在实践中，好的系统选择、实施和维护远比纯粹的概念要复杂得多，在每一个过程中都肯定会出现障碍，但是如果巧妙地将想法和实施相结合，付出足够的精力和脑力，司库系统会成为企业增强其盈利能力的利器。

（四）司库的运营和控制

1. 司库运行工具

在司库的运行过程中会用到许多工具。从运营和控制的角度看，下列工具尤为重要。

(1) 政策。司库政策是司库运营和控制的起点。司库政策要能够识别关键要素、活动、风险及缓解工具，分派任务和职责，定义限制参数和功能参数等。流程和程序必须遵循政策。

(2) 流程图。流程图为严密的流程说明奠定了坚实的基础。流程图有不同的种类和标准。按任务画流程图，这样各个任务之间的切换点界限清晰。"传递"是流程图所体现的显著优势之一，因为在传递的过程中潜藏着发生错误的危险。所以，以文件的形式恰当地反映传递过程并尽量减少传递发生的频率和次数，就显得十分重要。

(3) 流程说明。流程说明，又称标准操作规程，是司库流程中对活动和任务的详细说明文件。使用统一格式的标准化流程说明有以下几个优点：①提高运营的效率和效果；②为新员工提供现成的参考工具，便于他们迅速开展工作，为现有员工提供专业性的辅助资料，以便他们在模棱两可的情况下，对流程相关方面的问题进行查明和确认；③便于审计师、审查人员和监察机构连贯地了解流程，减少误解；④提高透明性，揭露错误产生的可能以及改进方向，从而加强控制，提高流程的严密度；⑤提高员工的积极性、认知度和士气；⑥降低成本；⑦为先进的司库设计提供一个全公司视角的、交叉定位的标准。

(4) 系统和技术。系统和技术的出现极大地提高了司库流程的效率。无论商业活动的实质是什么，其成熟程度、规模和所处的发展阶段如何，司库都毫无疑问受益于自动化和系统的建设。而越来越积极的银行系统、支付网关和供应商的自动化为强大的司库流程增加了一道壁垒。以下就系统和技术方面的两个关键问题进行探讨。

第一，为良好的系统匹配流程好，还是为现有的高效的流程配置系统好？获取新系统的原因之一是为了改善流程。假设已存在一个经过检验和测试的强健的系统，它能提高整个流程的效率，那么把这个系统作为推动者，借此机会加强现有流程是更实用的做法，此时我们无须为了保留现有流程而改变系统。

第二，使用卓越的技术重要，还是对技术的充分利用重要？答案是，一个系统的好坏取决于它的用法。很好地使用系统，充分发掘其潜能，比投资一个顶尖的系统但只是部分利用其能力要好。当然，任何系统都必须满足现有标准并拥有所需要的功能。

(5) 一体化。对系统、流程、会计和整个公司架构内的控制的一体化会增加流程的协调性并有效地减少重复和返工。

(6)报告。好的报告机制只花费较少的时间和人力,且具有及时性和恰当性,可以为每个管理级别进行详细的优化。过度报告会浪费时间并减少对信息重要性水平的感知度,而且从庞大的数据中识别出哪些是有意义和必要的信息需要做大量工作。而不充分报告也会有显著效果。

(7)控制。定期审查和控制流程可以确保减少意外的发生,以及因后续程序的不足而导致的损失。关于流程控制的详细综述在下面第三部分给出。

2. 司库运营和控制清单

控制的目标是确保那些设计和实施的流程、程序、系统和政策无论是在表面上还是在实质上都得到遵循,确定司库是否存在一些会对企业造成潜在损害的财务,或者其他问题的漏洞。

司库不要希望通过控制流程了解何时发生何种情况,如流程违背、超过风险限额、流动性短缺等,也不要试图通过控制审查来考察这些情况下的纠正性措施。实际上,这些内容都在管理层批准过的司库政策和各种流程注意事项中做出规定。控制流程的目的应该是寻找出尚未被识别出来的问题,并且确定企业是否在正常情况下或例外情况下遵循了恰当的程序。

控制决定了流程的稳健性,后者反过来决定错误发生率的下降程度。从某种程度上来说,控制流程是一种风险审查,审查整个组织对司库流程的依赖性。

3. 控制确认和审查

确认和审查的目的是减少由于意外或者非意外情况下的流程中断或者资金流出。有时,这些确认是一种事后行为,如果任何失误在发生后被识别出来,管理层要意识到这些疏忽可能会导致的潜在问题。

(1)周期性。控制和确定活动的周期性和频率必须由高级管理层指定,而且需要在司库政策中做出规定。

(2)自查和主要审查的独立性。每一个单位都要各自进行季度审查。如果是审查某个人的活动,必须指定一个独立于该活动的另一个人来审查。每个人或者流程都有其控制列表。年度流程和控制审查必须由独立于这些流程和控制活动的人进行。在理想的情况下,应由审计部门或者一个独立的控制单位负责流程和控制审查。

(3)数据来源的独立性。要尽可能地保证用于审查的数据的来源的独立性。除了评估物理记录外,审查者还要对数据进行抽样检查,以确保其数据来源的独立性。

(4)抽样。当对那些无法使用系统数据的资料(如人工交易票据、发票等)进行物理验证时,审查者必须选择抽样样本,采取统计核查措施。此外,数据样本的日期不要太接近。

（5）报告。审查结果应被直接报告给司库和首席财务官（CFC）。必须给予司库在结果被传递给董事会之前对提出的问题做出回应的机会。在审查结果最终定稿和传递给审计委员会和其他高级管理层之前，这些回应也必须得到恰当评估。此外，还需要按照关键程度对每个流程进行评级。

（6）纠正性措施。审查者必须和司库就纠正性措施的实施步骤和每个步骤的实施时间达成一致，并且对这些步骤进行追踪，对已纠正的每个要素进行纠正后验证。

（五）财务人员向司库管理的转变

1. 补充金融方面的基础知识与应用知识

从企业司库的职责范围来看，其涉及的内容横跨会计、管理、金融、经济学等多个学科领域，这不是一个简单的财务、会计专业背景的人才所能承担的，其必将随着司库职责的拓展，呈现出更多的胜任能力需求，会涉及大量的分析与判断，必须不断提高相关人员的专业素质与胜任能力，以保障司库工作有效开展。从其掌握的知识核心内容来看，主要还是金融学的基础知识和应用知识。金融学是一门应用经济学科，其核心内容是关注货币资金的经济活动。其具体学科知识内容体系涉及货币银行、商业银行、中央银行、国际金融、国际结算、证券投资、投资项目评估、投资银行业务、公司金融等学科内容。这些内容，对于财务背景专业的从业人员来说，必须逐步转变专业背景知识，不能局限于财务知识的掌握，否则就只能停留在核算和结算业务中，难以实现企业司库更高职能的发挥。事实上，财务人员知识背景的这一局限性已经使得我国财务公司的职能局限于简单的现金预算、账户管理与资金的短期流动性管理。

公司金融这一概念最初被引入我国时，正值我国改革开放与经济快速转型之期，这时的财务人员与证券市场的结合并不紧密，与财务相应的管理则被理解为财务管理、公司财务，或者公司理财。当更多的财务人员介入企业司库管理时，公司金融学作为一门学科从会计学的分支转变成了应用经济学的分支，其关注视角也从公司本身转移到以证券市场为中心。"公司金融"的概念破土而出。相信通过这一概念前后的变化，我们也可以看到财务人员转入企业司库时，其知识领域要求的深刻变化。

2. 关注金融监管的法律法规变化

在政策法规上，财务人员更多关注的是会计准则、财务通则、财税政策等法律法规的变化。进入企业司库后，瞬息万变的金融市场则成为财务人员需要重点关注的焦点。其中包括货币市场、资本市场、支付结算系统的法律法规及其政策变化。其中，货币市场的法律法规包括人民币管理、外汇管理、利率汇率管理、银行卡等相关法律法规及其政策。资本市场的法律法规包括股票市场、债券市场、期货市场、资产证券化、信托、私募等相关的法律法规。例如，《证券法》《期货法》《上市公司监管条例》《期货交易管理条例》《期货投资者保障基金管理暂行办法》《公司债券发行试点办法》《关于信贷资产证券化备案登记工作流程的通知》《证券公司及基金管理公司子公司资产证券化业务管理规定》《证券公司及基金管理公司子公司资产证券化业务信息披露指引》《证券公司及基金管理公司子公司资产证券化业务尽职调查工作指引》《上海证券交易所资产证券化业务指引》《深圳证券交易所资产证券化业务指引》等。支付结算系统的法律法规包括非现金支付工具监管、银行卡业务管理、支付系统监管、银行账户管理和非金融机构支付服务监管。相关的法律主要包括《银行业监督管理办法》《商业银行法》《票据法》《现金管理暂行条例》《金融违法行为处罚办法》《支付结算办法》《人民币银行结算账户管理办法》《境外机构人民币银行结算账户管理办法》《大额支付系统业务处理办法》《小额支付系统业务处理办法》《非金融机构支付管理办法》《期货交易管理条例》《贷款公司管理暂行规定》。

3. 通晓风险管理的内容及操作流程

企业司库不仅集中了资金，更重要的是集中了风险。风险管理的目的是帮助管理层识别企业在生产经营中存在的不确定性，分析不利事件可能造成的影响，并针对这些事件，权衡利弊得失，采取必要的应对措施。甚至包括一旦发生，应该采取必要的灾后恢复措施。企业司库建立后，其所承担的职能更多的是与外部的金融系统进行对接，而外部环境市场经常是复杂多变的，这就要求企业司库必须针对资金管理提升风险管控能力，应该加强对流动性风险、操作风险、股票价格风险、汇率风险、利率风险、大宗商品价格风险、信用风险、保险风险等风险实施专业化的管理。具体来看，可以采取的管理措施有：严格执行资金收支计划，留有充足的营运资金，确保支付，同时制定应急预案，避免支付系统风险；通过合理设置岗位、流程、权限等，利用信息化手段，对司库业务事前、事中、事后进行全过程监控，管控司库操作风险；建立客户信用评价制度，通过加强欠款客户准入管理，欠款发生过程监控，降低坏账损失风险；统一组织制定汇率风险管理政策，对所属企业规避汇率风险进行业务指导和过程监督；动态跟踪各种债务项下相关币种的利率走势，及时采取提前还款、再融资及利用利率风险对冲工具等方式合理规避利率风险。

财务人员过去所掌握的风险管理知识和技能更多的是内部的财务风险管理，其主要内容涉及筹资风险、投资风险、资金回收风险、收益分配风险等内容。即便是资金集中管理，内涵也十分有限，一般仅限于即期可以使用的现金和银行存款。对于资金的集中管理则更多地局限在提高资金的调控能力和节约财务费用上。司库概念则内涵更加丰富，从内容上包括了一定时期内可以转化为现金和银行存款的金融资源。司库集中的过程就是风险集中受控的过程。与司库管理更多地关注外部风险相比,财务人员需要更多地掌握全面风险管理的内容及操作程序,以实现对司库风险管理职能的履行。

4. 逐步从管理决策导向走向战略支持导向

传统的财务人员更多地强调内部管理决策的有用性。其财务管理职能的发挥主要是通过财务预测、财务计划、财务控制和财务分析于一身,以筹资管理、投资管理、营运资金管理和利润分配管理为主要内容的管理活动,并在企业管理中居于核心地位。我们可以把它归类为内部管理决策导向。企业司库管理是从更高的战略决策层面,为企业全面管控金融资源、优化金融资源配置、防范资金集中管理的风险提供支持。这时要求财务人员必须转变,从战略高度不仅关注内部,还要关注外部金融资源,并努力协调和有效配置资源,以更加全局乃至全球的视野管理企业和监控企业现金流,也就是说其职责更具有战略性。

总之,就是要求财务人员更加注重战略支持导向,不仅着眼于现在,更要着眼于未来,不仅着眼于企业内部,更要注意外部金融资源的协调和有效配置。

第三节　财务信息化规划与创新实践研究

随着时代的发展和信息技术的进步,大数据、云计算、区块链等智能技术正迅速改变着整个社会和商业环境。企业财务作为企业的重要组成部分,也需要创新求变,进行信息化规划和实践。

一、信息技术对企业财务管理产生的影响

随着信息技术的发展,其逐渐对企业管理的各个环节产生影响,财务管理作为企业管理核心内容之一,当然也受到了信息技术的影响。信息技术带给财务管理的变化集中表现在两个方面:一是信息化背景下,企业财务管理面临的环境发生了深刻的变革,市场竞争日趋激烈,知识经济初见端倪,企业管理面临的需求、需要解决的问题、解决问题的条件和方法都随之发生变化,从而激发了新的企业财务管理模式的产生,与之相适应,企业财务管理的内容、范围、方法也必须做出相应的调整;二是信息技术的广泛应用为财务管理职能的发挥提供了理想化的平台,特别是信息技术的日趋成熟,为财务管理提供了更多解决问题的途径,扩展了财务管理的手段。两者相辅相成,共同推进财务管理理论和实践的发展。

（一）对企业财务管理实务的影响

财务管理实务指的是应用财务管理理论，实现财务决策与财务控制的全过程。信息技术对财务管理实务的影响体现在对财务控制手段、财务决策过程和财务管理内容的影响三个方面。

1. 对财务控制手段的影响

传统的财务过程，要经历"记录—汇总—分析—评价—反馈修正"这样一个较长的过程，在科层制组织中，控制过程远远滞后于业务过程，使控制难以发挥真正的作用。在信息化环境下，控制程序实现了与业务处理程序的集成，实时控制成为财务控制的主流手段。

2. 对财务决策过程的影响

一般情况下，可以将财务决策的过程划分为四个阶段：情报活动、设计活动、抉择活动和审查活动。信息化环境下，上述四个阶段均发生了根本性变革。

（1）情报活动发生的变化。情报活动不再是单纯地搜集决策所需的数据，而是经历"风险评估—约束条件评估—数据获取"三个阶段。风险评估首先对决策目标及实现决策目标的风险进行合理的估计。约束条件评估则是确定实现该决策目标所受到的各种外部环境的制约，明确为了实现该目标，可以使用的资源有哪些。数据获取则避免了手工数据的整理过程，借助于信息化平台，可以大量获取所需的数据，并依靠数据仓库技术，直接获取有价值的支持决策的数据。

（2）设计活动发生的变化。传统的设计活动是指创造、制订和分析可能采取的方案。而在信息化环境下，这一过程实际上转变为依靠工具软件或财务管理信息系统建立决策模型的过程。

（3）抉择活动发生的变化。抉择活动是指从众多的备选方案中，按照一定标准选择最优的方案并加以实施。这一过程在计算机环境下可以得到最大限度的优化，利用计算机强大的计算能力，可以模拟方案的执行情况，从而实现最优化决策，决策的科学性大大提高。

（4）审查活动发生的变化。审查阶段要对决策进行评价，不断发现问题并修正决策。在信息化环境下，这一过程的执行提前到决策执行环节，也就是在决策执行过程中，同时完成对执行情况的跟踪、记录和反馈。

3. 对传统财务管理内容的影响

对企业个体而言，其主要的理财活动主要体现在三个方面，即筹资活动、投资活动和收益活动。相应地，也形成了企业财务管理的主要内容。信息技术环境下，它们仍然是财务管理的主要内容，但信息技术同时也扩展了财务管理的内容，主要表现在以下三个方面。

第一，信息技术促进了企业与相关利益者、银行、税务部门、金融市场之间的信息沟通，财务管理的范围也从企业扩展到相关的利益群体，诸如税收管理、银行结算管理等也成为财务管理活动中重要的一环。

第二，信息技术的发展，促进了新的管理内容的产生，如企业全面预算管理、资金集中管理、价值链企业物流管理等。

第三，现代企业在信息技术的支持下，形成了连接多个企业的价值链。在完成筹资、投资和收益决策时，企业不再是一个孤立的决策单元，而是价值链上整体决策的一个环节。因此，相关决策将更多地面向价值链整体最优。

（二）对企业财务管理基础理论的影响

西方财务管理已经有较长的发展历史，先后经历了筹资管理阶段、资金管理阶段、投资管理阶段和多元管理阶段。相应的财务管理理论研究的核心内容也在不断地发展变化。现代财务管理学诞生于20世纪50年代，相对于传统的会计理论，企业财务管理并没有形成稳定的、公认的财务管理理论框架体系，对一些问题的认知还存在较大争议。一般来说，财务管理基础理论主要包括财务假设、财务目标、财务本质、财务对象和财务职能等。随着信息化进程的加快，财务管理基础理论受到了一定程度的影响，但并没有从根本上动摇财务管理的理论基石。这些影响主要表现在以下三个方面。

1. 对财务管理职能的影响

信息技术对财务管理职能最显著的影响，就是强化了其基本职能，也就是强化了财务管理的财务决策职能和财务控制职能。其中，财务决策是指根据企业的环境和应达到的目标，运用科学的方法，选择和确定实现财务目标的最优方案。财务决策包含三个基本的方面：筹资、投资和收益分配。在信息技术环境下，决策面临的环境发生了巨大的变化，决策将面临更大的风险。企业战术层面、战略层面的各项决策活动都需要信息技术的支持，实现由感性决策向科学化决策的转变；财务控制是指在决策执行过程中，通过比较、判断和分析，监督执行过程，并及时做出修正的过程。控制职能将在信息化环境下得到进一步强化，表现在控制范围扩展到企业的各个层面；控制手段借助于信息化平台进行；控制实现从事后向事前、事中的转移。

除此以外，随着信息技术的发展和广泛应用，还衍生出了财务管理的派生职能。主要包括财务协调职能和财务沟通职能。信息化环境下，任何一个决策过程都可能涉及多个部门、多个领域，单纯的财务决策或生产决策都无法满足企业整体决策的要求。例如，在制订生产计划时，必须同时考虑财务计划的配合。也就是说，随着部门间横向联系的加剧，必须有适当的手段实现部门间、各业务流程间相互协调和沟通的能力，财务管理将更多地承担起这方面的职能。

2. 对财务管理对象的影响

财务管理的对象是资金及其流转。资金流转的起点和终点都是现金，其他的资产都是现金在流转中的转化形式，因此，财务管理的对象也可以说是现金及其流转。信息技术环境下，财务管理的对象并没有发生本质变化，影响主要表现在以下两个方面。

（1）现金流转高速运行。网络环境下，现金及相关资产的流转速度加快，面临的风险加剧，必须有合理的控制系统保证企业现金资产的安全和合理配置。

（2）现金概念的扩展。信息技术环境下，网上银行，特别是电子货币的出现极大地扩展了现金的概念。此外，网络无形资产、虚拟资产的出现，也扩展了现金的转化形式。

3. 对企业财务管理目标的影响

财务管理最具有代表性的目标包括：利润最大化、每股盈余最大化、股东权益最大化和企业价值最大化。在信息化环境下，以企业价值最大化作为企业财务管理的目标是必然的选择。这是因为，企业是各方面利益相关者契约关系的总和。企业的目标是生存、发展和获利。信息技术环境使各方的联系日益紧密。在信息技术的推动下，电子商务开始普及，企业实际上是形成的多条价值链上的节点，单纯追求个体企业的利润最大化或股东权益最大化并不能提升整个价值链的价值，反而会影响企业的长期发展和获利。只有确定企业价值最大化的财务管理目标，才可能实现企业相关利益者整体利益的共赢。

（三）对企业财务管理工具的影响

传统的财务管理中，主要依靠手工完成各项财务管理工作，财务管理处于较低水平。信息技术极大地丰富了财务管理手段，正是由于信息技术的大量应用，实际上促进了财务管理在企业中的应用。这一影响主要体现在以下三个方面。

第一，网络技术提供更好解决方案。网络技术不仅扩展了财务管理的内容，而且为财务管理提供了新的手段。传统方式无法实现的集中控制、实时控制都可以依托网络实现。分布式计算技术的应用，为财务决策提供了新的解决方案。

第二，数据仓库技术提高决策效率和准确性。数据仓库的广泛应用改变了传统的决策模式。数据仓库是一种面向决策主题、由多数据源集成、拥有当前及历史终结数据的数据库系统。利用数据仓库技术可以有效地支持财务决策行为，提高决策效率和决策的准确度。

第三，计算机技术提高数据处理能力。计算机的普遍应用提高了财务管理活动中的数据处理能力。利用计算机可以帮助用户完成较为复杂的计算过程，处理海量数据。大量工具软件的出现，可以帮助用户轻松完成数据计算、统计、数据分析、辅助决策等任务。

（四）对企业财务管理方法学的影响

第一，简单决策模型向复杂决策模型转变。传统的财务预测、决策、控制和分析方法受手工计算的限制，只能采用简单的数学计算方法。在信息化环境下，更多更先进的方法被引入财务管理活动中，如运筹学方法、多元统计学方法、计量经济学方法，甚至包括图论、人工智能的一些方法也被广泛使用。

第二，定性分析向定量分析和定性分析相结合转变。传统的财务管理过程中，虽然使用过定量分析，但并没有得到广泛的应用。主要原因有两点：一是计算工具的落后，无法满足复杂的数学计算或统计分析，同时缺乏工具软件的支持，使得计算过程难以掌握；二是缺乏数据库管理系统的支持，定量分析所需的基础数据缺乏必要的来源，或者是选择的样本过小，致使得出的结论产生误差。信息化环境下，数据库管理系统的广泛建立，特别是相关业务处理信息系统的成熟，为财务管理定量分析提供了大量的基础数据。同时，利用工具软件可以轻松地完成各项统计、计算工作，定量分析不再是专业人员才能完成的任务。

第三，偶然性决策向财务管理系统化转变。系统论、控制论和信息论是第二次世界大战后崛起的具有综合特性的横向学科之一。系统及系统工程的思想、方法论和技术在20世纪70年代末传入我国，并于20世纪80年代达到了鼎盛时期，目前流行的新三论，即耗散结构论、协同论和突变论都是系统论的进一步发展。系统论是研究客观现实系统共同的本质特征、原理和规律的科学。系统论的核心思想是从整体出发，研究系统与系统、系统与组成部分及系统与环境之间的普遍联系。系统是系统论中一个最基本的概念。

财务管理也是一种支持和辅助决策的系统，企业财务管理方法是指企业在财务管理中所使用的各种业务手段。目前主要有财务预测方法、财务决策方法、财务分析方法、财务控制方法等。在很长的一段时间里，财务管理缺乏系统的观点进行分析和设计，往往只侧重于某一指标的获得或独立决策模型的应用。信息化环境下，要求按照系统的观点认识和对待财务决策及财务控制，即做出任何一项决策时，不能仅考虑单项决策最优，而应该更多地考虑系统最优；财务控制不仅考虑对某个业务处理环节的控制，而且要按照系统控制的要求，从系统整体目标出发，自顶向下，层层分解，考虑控制的影响深度和宽度。

二、智能时代影响财务的新信息技术

(一) 大数据影响财务管理

大数据是指无法在一定时间范围内用常规软件工具进行捕捉、管理和处理的数据集合，是需要新处理模式才能具有更强的决策力、洞察发现力和流程优化能力的海量、高增长率和多样化的信息资产。

1. 大数据的特征表现

大数据通常是指数据规模大于 10TB 以上的数据集。它除了具有典型的 4V 特征（Volume、Velocity、Variety、Value），即体量巨大、类型繁多、价值密度低、处理速度快的特征外，还具有数据采集手段的智能化、数据应用的可视化等特点。

（1）数据体量巨大。大数据最显著的特征是数据量巨大，一般关系型数据库处理的数据量在 TB 级，大数据所处理的数据量通常在 PB 级以上。随着信息化技术的高速发展，数据呈现爆发性增长的趋势。导致数据规模激增的原因有很多：首先，是随着互联网的广泛应用，使用网络的人、企业、机构增多，数据获取、分享变得相对容易；其次，是随着各种传感器数据获取能力的大幅提高，使得人们获取的数据越来越接近原始事物本身，描述同一事物的数据量激增。社交网络（微博、Facebook）、移动设备、车载设备等都将成为数据的来源，数据来源的广泛必将带来巨大的数据量。

（2）数据类型繁多。大数据所处理的计算机数据类型早已不是单一的文本形式或者结构化数据库中的表，它包括订单、日志、博客、微博、音频、视频等各种复杂结构的数据。大数据环境下的数据类型分为结构化数据、半结构化数据、非结构化数据。以最常见的 Word 文档为例，最简单的 Word 文档可能只有寥寥几行文字，但也可以混合编辑图片、音乐等内容，成为一份多媒体的文件，增强文章的感染力。这类数据通常称为非结构化数据。与之相对应的另一类数据，就是结构化数据。这类数据可以简单地理解成表格里的数据，每一条都和另外一条的结构相同。每个人的工资条依次排列到一起，就形成了工资表。与传统的结构化数据相比，大数据环境下存储在数据库中的结构化数据约仅占 20%，而互联网上的数据，如用户创造的数据、社交网络中人与人交互的数据、物联网中的物理感知数据等动态变化的非结构化数据占到 80%。数据类型繁多、复杂多变是大数据的重要特性。

（3）数据价值密度低。大数据中有价值的数据所占比例很小，大数据的价值性体现在从大量不相关的各种类型的数据中，挖掘出对未来趋势与模式预测分析有价值的数据。数据价值密度低是大数据关注的非结构化数据的重要属性。大数据为了获取事物的全部细节，不对事物进行抽象、归纳等处理，直接采用原始的数据，保留了数据的原貌。由于减少了采样和抽象，呈现所有数据和全部细节信息，可以分析更多的信息，但也引入了大量没有意义的信息，甚至是错误的信息，因此相对于特定的应用，大数据关注的非结构化数据的价值密度偏低。以当前广泛应用的监控视频为例，在连续不间断监控过程中，大量的视频数据被存储下来，许多数据可能是无用的。但是大数据的数据价值密度低是指相对于特定的应用，有效的信息相对于数据整体是偏少的，信息有效与否也是相对的，对于某些应用是无效的信息，对于另外一些应用则成为最关键的信息，数据的价值也是相对的。

（4）数据处理速度快。速度快是指数据处理的实时性要求高，支持交互式、准实时的数据分析。传统的数据仓库、商业智能等应用对处理的时延要求不高，但在大数据时代，数据价值随着时间的流逝而逐步降低，因此大数据对处理数据的响应速度有更严格的要求。实时分析而非批量分析，数据输入处理与丢弃要立刻见效，几乎无延迟。数据呈爆炸的形式快速增长，新数据不断涌现，快速增长的数据量要求数据处理的速度也要相应地提升，才能使大量的数据得到有效的利用，否则不断激增的数据不但不能为解决问题带来优势，反而成了快速解决问题的负担。数据的增长速度和处理速度是大数据高速性的重要体现。

（5）数据采集手段智能化。大数据的采集往往是通过传感器、条码、RFID 技术①、GPS 技术②、GIS 技术③等智能信息捕捉技术获得，这体现了大数据采集手段智能化的特点，与传统的人工搜集数据相比更加快速，获取的数据更加完善真实。通过智能采集技术可以实时、方便、准确地捕捉并且及时有效地进行信息传递，这将直接影响整个系统运作的效率。

（6）数据预测分析精准化。预测分析是大数据的核心所在，大数据时代下预测分析已在商业和社会中得到广泛应用，预测分析必定会成为所有领域的关键技术。通过智能数据采集手段获得与事物相关的所有数据，包括文字、数据、图片、音视频等类型多样的数据，利用大数据相关技术对数据进行预测分析，得到精准的预测结果，从而可以对事物的

---

① 射频识别（RFID）是 Radio Frequency Identification 的缩写。其原理为阅读器与标签之间进行非接触式的数据通信，达到识别目标的目的。

② 全球定位系统（Global Positioning System，GPS），是一种以人造地球卫星为基础的高精度无线电导航的定位系统，它在全球任何地方以及近地空间都能够提供准确的地理位置、车行速度及精确的时间信息。

③ GIS 技术（Geographic Information Systems，地理信息系统）是多种学科交叉的产物，它以地理空间为基础，采用地理模型分析方法，实时提供多种空间和动态的地理信息，是一种为地理研究和地理决策服务的计算机技术系统。

发展情况做出准确的判断，获得更大的价值。

2. 大数据的财务应用

（1）依靠大数据提升财务的风险管控能力

其一，大数据在风险管控方面相对传统风险管理模式有更高的应用价值，这种价值体现在能够看见传统风险管理模式下所看不见的风险。其二，在金融业务领域，已经有非常广泛的利用大数据进行风险管控的案例。而在财务领域，我们要怎样利用大数据管控风险呢？设置规则来辅助进行直接、精准的风险拦截，这是人工智能更擅长的事情。我们希望利用大数据来实现一些相对模糊但是有控制价值的风险发现，以及能够进行财务风险分级。

在风险发现方面，大数据通过纳入非结构化数据并进行相关性分析，能够发现一些风险事件的可能特征，并根据这些特征进行潜在风险线索的事前预警或事后警示。在这种应用场景下，不需要大数据告诉我们谁一定有问题，只要提示谁可能有问题就足够了。而这种提示本身并不存在必然的因果关系，仅仅是大数据在进行相关性分析后的产物。

另一种应用是各种风险事项的分级。这里的风险事项可能是一份报销单据，也可能是一次信用评价。只要分析对象需要进行风险分别，都可以考虑使用大数据技术来实现。分级后的风险事项能够采用不同程度的应对策略，从而做到高风险事项严格控制，低风险事项低成本应对处理。

（2）依靠大数据提升预算中的预测和资源配置能力

第二个场景是预算管理。对于预算来说，在其管理循环中非常重要的两件事情是根据历史和现状，综合企业自身、行业和竞争对手三个维度，对未来进行预测以及对资源进行有效的投放。而恰恰大数据可以在预测和资源配置两个方面发挥其自身优势，带来传统预算管理难以实现的应用价值。

首先，是预测的提升。传统的财务预测主要是利用结构化数据，构建预测模型，对未来的财务结果进行预测。而使用大数据技术，预测的数据基础可以扩大到非结构化数据，市场上的新闻、事件、评论等都可以成为预算预测的数据基础。特别是在引入大数据后，预测模型中的假设很可能发生意想不到的变化，这使得预算预测具有更高的可用性。

其次，是资源配置的优化。在传统模式下，编制预算进行资源配置时，很多时候是财务在听业务部门讲故事，资源投向受到讲故事水平的影响。而大数据的出现，能够让财务人员有可能形成一定的判断能力。如基于大数据能够形成相关产品市场热点、竞争对手的动态分析，将这些分析结果与业务部门的故事进行印证，对于是否该继续加大产品投入或者是否该改变产品的设计方向都有可能形成不一样的判断和结论。

（3）依靠大数据提升经营分析的决策支持能力

经营分析的核心在于设定目标，进行管理目标的考核，并对考核结果展开深度分析，以帮助业务部门进一步优化经营行为，获得更好的绩效结果。在这样的一个循环中，数据贯穿其中并发挥着重要的价值。

传统的经营分析模式同样面临数据量不足、依赖结构化数据、关注因果关系等问题。大数据技术有助于提高经营分析的决策支持能力。

在传统方式下主要是通过分析自身历史数据、行业数据以及竞争对手数据，再结合自身战略来设定目标的。因此，目标是否合理在很大程度上依赖于参照系数据的可用性。大数据能够帮助企业更好地认清自身情况，更加客观地看清行业情况和竞争态势。特别是后两者，在传统模式下数据依赖于信息获取渠道，而大数据将整个社会、商业环境都转化为企业的竞情分析基础。在这种情况下，目标的设定将更为客观、合理。而在事后对目标完成情况的解读上，和传统财务模式相比，大数据基于其对相关性而不止于因果关系的挖掘，能够找到更多靠传统财务思维无法解读到的目标结果相关动因。而针对这些新发现的动因的管理，有可能帮助业务部门获得更加有效的决策建议。

（二）云计算影响财务管理

云计算是一种按使用量付费的模式，这种模式提供可用的、便捷的、按需的网络访问，进入可配置的计算资源共享池（资源包括网络、服务器、存储、应用软件、服务）。这些资源能够被快速提供，只须投入很少的管理工作，或与服务供应商进行很少的交互。

1. 财务和云计算的关系

各大厂商对云计算的谈论，概括起来主要包括 SaaS、PaaS、IaaS 这三个概念。SaaS 是软件即服务，PaaS 是平台即服务，IaaS 是基础设施即服务。

（1）IaaS 和财务。如果只使用 IaaS 的云计算模式，那么在前台的财务人员是感受不到的。因为这是一个物理架构的概念，我们可能使用的还是和原先本地部署的软件系统一样的系统服务，只是这些软件系统并不是部署在企业独有的服务器上，而是放在如电信云、阿里云或腾讯云之类的公共基础设施平台上。这种模式可以有效地降低企业硬件的投入成本，而由于硬件是一种云集群的模式，在这个集群里的系统算力可以被均衡使用，这就有可能进一步提升系统性能。国内某个大型建筑央企就是把其财务系统搭建在电信云上的，借助这种模式支持其数十万企业员工的财务应用。

（2）PaaS 和财务。如果使用的是 PaaS 模式，财务人员同样感受不到什么，但开发人员就不一样了，他们使用的不再是本地开发工具和公司内部的数据库，而是在一个租用的云端开发平台上。这件事情并不难理解，如果你在阿里云上注册了一个账号，那么就能够看到阿里云中可以付费使用的开发工具，甚至可以部署机器学习的开发环境。这种模式对于规模不大的企业来说，特别是没有资金搭建大型复杂开发环境的公司，使用平台的成本就低多了，而且还能随时使用最新的平台技术。在PaaS模式下，开发平台成为即租即用的服务。

（3）SaaS和财务。与财务人员最密切相关的是SaaS模式。"软件即服务"是直译过来的说法，通俗点说，就是财务的应用系统并没有建在企业里，而是放在互联网上的云平台中。用户访问财务系统，就如同访问百度网页一样，从公司内部穿透到互联网上的某个系统里。而特别要注意的是，这个互联网上的财务系统并不是我们独享的，很多企业和我们共用这个财务系统，只是在权限和数据上做了隔离。

2. 财务实现与云计算的场景融合

对于企业财务来说，要实现云计算在财务中的应用就需要挖掘相关的应用场景。我们可以看到三种场景的应用，包括采用IaaS模式构建财务系统架构、使用基于SaaS模式的财务应用系统和以SaaS模式提供对外服务，以下具体探讨如何实现这些场景的融合。

（1）财务系统架构于IaaS模式

在大型企业中，如果使用本地部署模式来构建信息系统架构，会使得IT架构越来越"重"，信息化成本逐年提升，从基础架构到开发、维护，每个环节都有大量的成本投入。对于国内进入世界五百强的大部分企业来说，每年都会发生高昂的财务信息化开支。而财务本身作为这些系统的重要业务应用者，是这些成本的直接承担者，并最终会通过定价收费或者分摊的方式将这些成本再进一步转嫁给服务对象。而在服务对象对收费越来越敏感的今天，控制成本、降低定价成为很多企业财务共同的压力。

将财务系统架构于IaaS模式之上，能够以较低的成本来实现基础架构的部署，能够以"轻"IT的方式来实现财务信息系统的建设。

（2）使用基于SaaS模式的财务应用系统

SaaS是在云计算中最容易被理解也最常被应用的一种模式，财务人更是SaaS模式的直接使用者。在这种模式下，财务并不构建自己企业内的独有财务信息系统，而是选择租用第三方云服务产品。这种第三方产品的提供商需要对财务业务流程有深刻的理解，能够在产品设计时充分考虑到不同企业的差异化需求，并通过灵活的后台管理功能来实现快速配置部署。企业财务选择此类云服务产品的前提是，企业在整体的信息化战略和信息安全评估上能够通过。

(3) 财务以 SaaS 模式提供对外服务

一些企业的财务会尝试进行对外能力输出。这种能力输出有两种形态。

一种形态是将自身的管理经营积累转换为系统产品，并将产品面向社会提供服务输出。在这种情况下，输出方可以考虑采用 SaaS 的方式架构自身的产品，让用户通过租用的方式来使用产品，从而获得输出方所积累的管理经验。

另一种形态是财务共享服务中心对外输出，也可以简单理解为财务外包。在这种情况下，所提供的是基于 HRaaS 模式的对外服务。内地代理记账市场也在向这种模式靠拢，一些看得比较远的代理记账服务商已经在使用共享服务的管理模式，向大量的中小客户提供服务。

这里需要特别强调的是，云服务产品的开发本身是一个高复杂性和高成本的事项。由于云服务系统需要满足用户的差异化需求，对其产品设计的可配置性和灵活性要求都是极高的。同时，云服务产品还需要满足多操作平台、多浏览器兼容的需求，如果涉及移动端，对差异化移动平台的兼容则更加复杂。这些都会带来产品研发的高成本投入。

企业财务在考虑使用云计算提供 SaaS 模式系统服务的时候，需要考虑未来自身规模和发展能力，如果无法在经营上取得很好的投入产出结果，则应当慎重投资云服务产品。

（三）区块链影响财务管理

1. 区块链的内涵阐释

狭义来讲，区块链是按照时间顺序将数据区块以顺序相连的方式组合成的一种链式数据结构，并以密码学方式保证的不可篡改和不可伪造的分布式账本。

广义来讲，区块链技术是利用块链式数据结构来验证与存储数据、利用分布式节点共识算法来生成和更新数据、利用密码学的方式保证数据传输和访问的安全、利用由自动化脚本代码组成的智能合约来编程和操作数据的一种全新的分布式基础架构与计算方式。

一般说来，区块链系统由数据层、网络层、共识层、激励层、合约层和应用层组成。数据层封装了底层数据区块以及相关的数据加密和时间戳等技术；网络层则包括分布式组网机制、数据传播机制和数据验证机制等；共识层主要封装网络节点的各类共识算法；激励层将经济因素集成到区块链技术体系中，主要包括经济激励的发行机制和分配机制等；合约层主要封装各类脚本、算法和智能合约，是区块链可编程特性的基础；应用层则封装了区块链的各种应用场景和案例。

该模型中，基于时间戳的链式区块结构、分布式节点的共识机制、基于共识算力的经济激励和灵活可编程的智能合约是区块链技术最具代表性的创新点。

2. 区块链与财务管理

（1）跨境清结算。从目前国内的清结算交易来看，清结算面临的问题并不严重，反而是在跨境清结算交易的过程中面临较大的压力。在跨境付款过程中，非常重要甚至可以说绕不开的是 SWIFT 组织。它通过一套基于 SWIFT Code 的代码体系，将各个国家的银行构建为网络，并实现跨境的转账支付交易。对于这套体系来说，高昂的手续费和漫长的转账周期是其极大的痛点。而对于在整个交易过程中处于中心地位的 SWIFT 来说，改变自身的动力并不强。但区块链技术的出现为打破这种基于中心组织的清结算体制带来了可能。去中心化的区块链交易使得全球用户有可能基于更低的费用，以更快的速度完成跨境转账。实际上，很多银行和区块链创新组织已经在积极展开相关的技术尝试，这也驱动 SWIFT 不得不做出自我改变，并在 2016 年年初启动实施基于区块链技术的全新的技术路线图。

（2）智能合约。智能合约同样是一个涉及双方甚至多方信任的场景。当然，从单纯的合约概念来说，它并不是一个财务概念，而是企业之间进行商贸活动的契约。但是在区块链技术的支持下，合约的可信度得到很大的提升，并且基于电子数据完成合约的签订和承载后，合约背后的财务执行就可以更多地考虑自动化处理。简单地说，智能合约所有的触发条件都是可以用计算机代码编译的，当条件被触发时，合约由系统而非一个中介组织来自动执行。

在没有区块链的时候，智能合约依赖的中心系统难以得到合约双方的认可，而区块链的出现，使得这一同步于互联网提出的设想成为可能。而基于智能合约自动触发的财务结算、会计核算等处理都将极大地简化财务处理，并有力地支持智能财务的实现。

（3）关联交易。在财务领域，关联交易的处理一直是困扰财务人员的一个难题。由于关联交易各方的账簿都是由各自的属主管理的，这就导致关联交易发生后各方账簿进行记账和核对的工作异常复杂。与有一个中心的账簿不同，在关联交易模式下没有中心，也没有区块链下可靠的安全记账机制，这就使得很多时候关联交易核对出现问题。一些大型企业也试图解决这样的问题，但在区块链出现之前，大家的探索方向是试图构建一个中心，让所有的关联交易方在这个中心完成交易登记，从而实现类似于银行清结算的对账机制。而区块链的出现，让我们可以探索另一条道路，既然无中心了，那么就更加彻底，通过区块链的去中心化特征和其可靠的安全机制来实现新的关联交易管理模式。

（4）业财一致性。另一个和关联交易有些类似的场景是长期困扰我们的业财一致性问题。如果说关联交易是法人与法人之间的交易，那么业财一致性要解决的就是业务账与财务账之间的关系。相比来说，构建一套业财区块链账簿体系更加复杂。由于在企业中各个业务系统在建设的时候往往都是以满足业务发展为基本出发点的，这就使得多数的业务系统根本没有考虑对财务核算的影响，也正是这一点导致当下不少大型企业中业财一致性成为难点。如果使用区块链技术来解决这一问题，就需要在业务系统和财务系统底层构建一套分布式账簿，并由此取代现在的业财会计引擎的模式。从将业务数据自行记录传输至会计引擎转换为会计分录进行记账的模式，转变为业务和财务双方平行账簿记账的模式。业务和财务都同步保留业务账和财务账，从根本上实现业财一致。当然，这个过程可能会造成海量的数据冗余，且技术实现也更为复杂。

三、新经济时代财务信息化规划

（一）财务信息化概念架构

1. 财务软件架构的理解

对于财务来说，软件架构这件事情听起来还是有点复杂的，说得通俗一点，就是要搞清楚，一个系统中有哪些构成部分，这些构成部分是怎样相互发生作用的。那么所谓的新经济下的财务信息化架构，就是要搞明白，和传统财务信息化架构相比，多了哪些构成部分，以及各部件之间相互作用的方式发生了怎样的变化。"有什么功能"可以称为功能架构，功能加上交互关系后形成的架构可以称为逻辑架构。而在实际的软件架构设计中，还有多个视角的架构理解，如开发架构、运行架构、物理架构、数据架构等。

2. 财务智能化功能架构

（1）数据层

这里先要说的是智能财务信息化架构下的数据层。和传统财务信息化架构相比，最重要的是数据的内涵发生了变化。在传统架构下，处理的主要是结构化数据，而在引入大数据技术后，结构化数据已经无法满足财务信息系统对数据的需求，非结构化数据被引入，并且成为非常重要的构成部分。

因此，在功能架构的数据层中，系统对结构化数据和非结构化数据同时提供相应的管理功能，从数据的采集管理、对接管理、存储管理等方面进行相应的功能支持。

（2）智能引擎层

智能引擎层是架构中的另一个重要层次。之所以叫作智能引擎层，是希望在搭建智能时代财务信息系统架构时，能够对关键的支持技术进行组件化，并以引擎的形式来支持不同业务场景的应用。引擎层是一个公用的技术平台，在不同的应用场景中，能够灵活地调用相关引擎来实现配套的业务应用，从而实现整个财务信息化架构底层技术工具的共享。在智能时代的财务信息化架构中，可抽象出的引擎主要包括以下几个方面。

第一，图像智能识别引擎。图像智能识别引擎主要用于广泛地进行图片信息的识别，一方面，能够支持对结构化数据的采集；另一方面，也能够支持对非结构化数据的信息提取。同时图像智能识别引擎可以利用机器学习来提升自身的识别能力，从而扩大可应用的价值和场景。

第二，规则引擎。规则引擎作为初级人工智能应用，会在整个财务信息化中发挥重要的作用。通过灵活、可配置的规则定义，支持在财务流程中基于规则进行大量的判断、审核、分类等应用。规则引擎的完善，一方面，依赖于经验分析后的完善；另一方面，也将基于机器学习引擎来辅助规则完善。

第三，流程引擎。流程引擎无论在哪个时代都十分重要，好的流程引擎能够全面提升财务信息系统的水平。而在智能时代，流程引擎的驱动仍然是规则引擎，而规则引擎又基于机器学习得以完善优化，并最终带来流程引擎能力的提升。

第四，大数据计算引擎。大数据计算引擎是相对独立的，基于大数据的技术架构，能够处理海量的包括结构化数据和非结构化数据的计算。大数据计算引擎的实现，能够使财务在大数据方面的应用场景得到真正的技术支持，而不是传统计算模式下的伪大数据。

第五，机器学习引擎。机器学习引擎应当能够实现监督学习和非监督学习，通过大量的不同业务场景的数据学习训练，形成相应的优化规则，并依托规则引擎作用于各种业务场景中。从这个意义上来讲，机器学习引擎有些像规则引擎的后台引擎。

第六，分布式账簿引擎。对于区块链的应用，需要在底层搭建各类分布式账簿，而我们可以考虑通过引擎化的方式，将这种分布式账簿的搭建变得更为标准和可配置。当然，这需要区块链技术实现进一步的抽象——从技术概念走向业务简易应用的概念。有了分布式账簿引擎，基于区块链的应用可以得到进一步的加速。

(3) 业务应用层

业务应用层是最重要的一个层次。在业务应用层中，我们从财务业务模块和技术两个角度实现了场景功能的匹配，从而形成了相对清晰的智能时代财务信息化应用的功能场景蓝图。它可以成为有意致力于智能时代技术深度应用的企业的思维导图，并据此展开规划和实践。下面我们从财务业务模块的视角来逐一说明。

第一，共享运营。对于共享运营来说，在智能化方面的应用场景是相对较多的，这也是由其作业运营的特点所决定的。信息技术的进步，本身对运营效率的提升就是最直接的。

第二，资金/司库管理。在资金管理中与共享流程密切相关的部分已经被归入共享运营中体现，而针对资金管理和司库管理来说，主要的应用在于提升基于大数据对资金和司库管理的分析、决策能力。此外，物联网技术对于账户 UKey、用印安全管理也将发挥重要作用。

第三，会计报告。会计报告对新技术的应用主要集中在区块链对关联交易以及业财一致性的支持上。同时，类似于智能编辑，这样的场景可以应用于会计报告的智能化。而在这个领域，也会引发对未来套装软件是否能够支持智能化应用的思考。

第四，税务管理。税务管理在税务风险控制方面可以应用人工智能技术来进行支持，在税负分析、税费预测等领域也可以考虑引入大数据，充分利用企业内外部数据来提升分析质量。此外，税务管理中所涉及的不少应用场景也会前置到其他业务或财务系统中。

第五，成本费用管理。成本费用管理在费用分析方面可以考虑与大数据相结合，而在移动互联网方面，可以进行服务及商品采购的前置和线上管理，从而获得更好的管控效果。

第六，预算管理。预算管理的技术应用主要集中在大数据方面，通过大数据，加强对预算预测和资源配置的管理能力的提升。

第七，管理会计。管理会计本身在技术层面的起步就比较晚，因此它的实现仍然基于传统技术方式。但在管理会计报告的编制中，可以考虑采用智能编辑模式，盈利分析可以考虑引入广义数据，增强分析的实用性。

第八，经营分析。在经营分析这个领域，大数据能够有较大的应用空间。通过数据范围的扩大、相关性分析的引入，经营分析能力能够得到提升。

（二）财务信息化协同体系

1. 财务构建统一的信息化中枢

对于财务组织内部来说，要打破信息化的建设边界。打破边界的方法可以考虑在财务体系中构建统一的信息化中枢，这个信息化中枢可以是实体组织，也可以是虚拟组织。实体组织可以体现为财务信息化团队或部门的形态，如某领先互联网企业内部设有财经 IT 部，某大型国有商业银行有会计信息部这样的组织，这些实体化的专有组织能够在财务体系内部起到统筹协调的作用。而对于没有条件设立统一财务信息化团队的企业来说，可以考虑设立虚拟机构，如设置财务信息化管理委员会之类的跨部门统筹组织。尽管它在力度上弱于实体组织，但也能够起到一定的统筹协调作用，并且在财务信息化架构搭建和重大项目的推进过程中发挥重要作用。

2. 科技面向财务的团队和架构的私人订制

对于科技部门来说，要实现与财务的紧密协同，应当考虑构建面向财务提供服务的专属团队。在这样的专属团队中，应当从组织架构上打破传统按业务模块独立设置团队的模式，构建能够更好地匹配未来的平台化架构，包括专属需求分析团队、架构师团队、公用平台研发团队和场景实现团队面向财务的私人订制。需求分析团队应当能够有效支撑智能技术与财务需求团队的对接；架构师团队能够站在产品化和平台化角度，科学构建财务信息化架构；公用平台研发团队应当能够打通财务各业务模块的底层，对可公用的技术功能进行组件化研发，并实现在不同业务场景中的应用；而场景实现团队则在公用平台的基础上，针对不同的业务场景需求来进行技术实现。通过这样一个平台与客制化相结合的科技团队组织来实现对财务智能化的有力支持。

3. 科技内部市场化实现新技术引入

对于科技内部各类"黑科技实验室"之间的协同，不妨考虑引入市场化机制。由于各类"黑科技实验室"主要的服务对象是企业的业务场景，而对于作为后台的财务场景来说，要想获得大力度的支持并不容易。在这种情况下，引入市场化机制，通过内部交易的形式，向"黑科技实验室"付费购买相关技术支持，能够充分调动"黑科技实验室"协同的积极性，也能够更好地从机制上让财务和业务站在同一条起跑线上。当然，并不是所有企业都有条件去建立内部市场化机制，必要的时候，寻求行政命令资源的支持也是可行之路。

4. 企业推行产品平台并定义自由度

对于企业来说，要满足标准化与个性化的平衡，不妨考虑将企业自身视为财务智能化产品的提供商，在企业层面构建基于产品化理念，设计信息化平台。在产品的设计过程中，企业应当充分引入业务单元来进行产品化需求的论证和设计，通过大量的调研形成需求，并最终搭建平台。各个业务单元在实际部署信息化时，企业将其当作一个产品客户，通过进一步的需求调研，引入实施方法论，在产品化平台的基础上进行配置实施和少量且可控的客制化开发。

通过这种模式，企业财务能够搭建一个开放式的财务智能化产品平台，并借助平台实现管理的标准化和自由度的定义。

在财务智能化进程中，财务与科技的协同是一个技术与艺术并存的话题，找到合适的平衡点、实现双赢是财务智能化之路成功的关键。

（三）成为智能时代的财务产品经理

智能时代财务管理的基础是信息技术，对于财务来说，好的技术平台的支撑，能够帮助企业在智能化道路上走得更远，也能够让企业有更多的机会去实践财务创新。而在这个过程中，传统的财务信息化支持人员已经难以满足要求，企业需要智能时代的财务产品经理来助力企业走上财务智能管理之路。

1. 财务产品经理的内涵

产品经理是随着产品形态的发展而发展的。早期的时候，产品大多数是实体化的，如家里的电视机、洗衣机等都是实体化产品，产品经理则是管理这些实体化产品全生命周期，从概念提出到设计、生产、营销、销售、配送、服务等全过程的角色。而随着社会的发展，产品的形态也在改变，能够解决问题的东西不仅仅是实体，一个好的创意、管理方法也都可以称为产品，产品经理不再局限于"理工男"。而当信息技术、互联网快速发展后，软件产品、互联网产品快速风靡，面向软件和互联网的产品经理成为重要人群。但无论哪一种产品、哪一种产品经理，其本质都是一样的。

优秀的产品经理的价值就在于要做出能够解决问题、让客户满意的好产品。

具体而言，产品经理要做到：①从各种各样的需求和想法中找到要解决的问题，以及相匹配的产品方向；②为产品做一个长期的布局和规划，知道什么时候该走到哪里；③进行产品设计，参与产品的开发、测试和上线；④参与产品推广方案的设计，用营销思维让客户接受这个产品；⑤积极进行产品培训和用户支持，得到更多改善产品的反馈；⑥关注市场动态和竞争对手，随时进行产品规划的调整。

2. 财务产品经理的角色定位

首先，财务产品经理应当是财务组织中的一分子，其核心职能是设计财务信息系统来解决财务工作中各类业务场景所遇到的问题。因此，将财务产品经理设置于财务团队内部能够更好地发现用户的问题，并设计出更有针对性的产品解决方案。

其次，财务产品经理应当将主要精力放在搞明白需求、设计出用户体验卓越的好产品上。同时，充分挖掘工程师们的"黑技术"，把好的技术应用到财务场景中。财务产品经理既不应当越位工程师的角色，也不应当任由工程师团队替代。

最后，我们也要意识到，财务业务人员并不适合在没有经过充分训练的情况下直接成为财务产品经理。财务产品经理是一个复合型人才的角色，其核心能力在于财务知识与技术能力的有机融合。由纯粹的业务人员来设计产品会缺少全局观，难以把握架构和流程，并在与工程师的对接过程中出现翻译的偏离。

3. 智能财务产品经理的特质分析

(1) 新技术的敏感性。作为应用技术来解决财务问题的财务产品经理，对技术的敏感性是不可或缺的。特别是在智能时代，技术快速迭代，对这种能力的要求更为突出。

当前处于信息化时代向智能时代转变的边缘期，在这个期间，技术的多变和创新的层出不穷会成为常态，每一个财务产品经理都应当具备高度的技术敏感性，把握时代赋予的机会。

（2）新技术的财务场景化能力。对于财务产品经理来说，一旦敏锐地捕捉到新技术的出现，最重要的一件事情就是能否将这些新技术用于解决实际的问题，也就是这里要说到的新技术的财务场景化能力。实际上，业务问题出现的载体是业务场景，空谈一项技术是没有任何意义的。但作为财务产品经理，能够识别出业务部门的痛点，抽象出业务场景，分析出什么样的技术能够解决怎样的场景问题，那么其就是一个高水平的产品经理。

（3）产品化和平台化架构能力。在传统的财务信息化模式下，由于技术变化相对缓慢，高度订制化的信息系统也能够满足不少的用户需求，且保持稳定性。但随着智能时代的到来，技术的加速革新，缺乏扩展性的订制系统将难以承载业务需求，产品化和平台化成为趋势。

对于财务产品经理来说，产品化和平台化架构能力的形成并不是那么容易的。在传统模式下，只需要就问题解决问题，用西医的方法就足够了，而在产品化和平台化架构下，需要用中医思维来解决问题，能够站在一定的高度上对财务信息化产品中各个功能组件和关联关系进行具有前瞻性的规划，并能够在技术实现上植入充分的可配置性和扩展性。这种能力的形成无论在专业上还是在思维能力上，都对现有的财务产品经理提出了更高的要求。

（4）产品价值挖掘能力。在智能时代，好的产品经理不能仅仅技术过硬，还需要会讲故事。对于所负责的产品，能够充分挖掘产品的价值，并与产品的相关方达成共识；能够更好地获得资源保障，更好地获取用户的信任并形成更可靠的需求；更好地获得管理层的支持，保障产品设计最终落地。

在通常情况下，智能时代的财务产品经理应当能够讲清楚产品实现在成本、效率、风险或管控、决策支持、客户体验等方面的价值。通过这一系列的价值共识，把产品推入高速发展的轨道。

4. 从财务IT成长为智能产品经理

（1）专业深度的成长。专业深度尤为重要。在智能时代，如果要成为合格的产品经理，就需要进一步加强技术知识的储备。当然，这种加强并不是要求达到工程师的水平，而是要在现有的运维、需求分析能力的基础上，补充新技术领域的相关知识。同时，专业深度还体现在对产品化、平台化架构方面的知识体系的完善上。当然，相关的具体工作将由科技部门的架构师团队来完成，但作为产品经理，需要有能力判断和评价架构师的设计，并有能力参与相关架构设计工作。

（2）专业广度的成长。对于财务产品经理来说，要打造出智能时代的财务好产品，就必须能够更加深入地承担起业务场景与信息技术相结合的中间角色。这个中间角色在业务层面要求财务产品经理具有更加广阔的专业视野。

财务产品经理应对财务的各业务领域有广泛的了解，如核算、预算、资金、管会、经营分析、税务、共享等。具备了这些财务专业范围内的广度，能够帮助产品经理实现第一个层次——财务各职能团队与科技之间的对接。然而，财务产品经理不能仅仅满足于这个层次的专业广度，还需要进一步将视野扩大到各中前台业务中，需要覆盖到公司经营的各类业务系统，并能够对业务与财务端到端的全流程数据流转和系统架构有所掌握。在这种情况下，才能更好地通过信息技术实现业务与财务的一体化。

（3）认知创新的成长。对于产品经理来说，需要更多地去研究和学习创新的工具和方法。创新本身是一门科学，而并非守株待兔式的等待创意的过程。对于财务产品经理来说，如果要想培养出自身的创新能力，需要积累大量的跨界知识，而不仅仅是财务和科技类的知识。很多时候，创新的灵感来自貌似不相干的领域的突发刺激，当积累了广度足够大的素材后，所谓的各种创新工具和方法才有可能发挥作用。

当然，实践是创新的根源，作为智能时代的财务产品经理，需要积极地将想法付诸行动，哪怕是推演都能帮助我们加深思考，并在深度思考的过程中获得认知和创新能力的提升。

第四节 新经济时代财务管理的创新对策

一、创新财务管理制度，更新财务管理观念

对于企业财务管理水平而言，在社会经济发展中逐渐提升，但由于市场竞争环境越来越激烈，企业财务管理工作面临的压力仍然比较大。企业在经营发展中，规模不断扩大，生产、经营活动增多，总体资金的管理、收支情况等更加复杂。所以，在财务管理制度方面，必须通过创新手段进行改善与调整，尤其对财务人员的财务管理观念，应结合行业发展趋势进行更新，适应新形势发展的需求。同时，企业须结合自身发展实际情况，在财务管理制度方面融入以人为本的理念。同时，可在整个企业中深入以人为本的管理观念，使企业内工作人员的积极性不断调动起来，推动企业内各项工作有序开展。在财务管理人员

思想方面必须保持一致，防止各有所想、力量分散。

此外，现阶段企业发展中的金融风险问题越来越突出，作为企业财务管理工作而言，也应注意对此类风险进行防控。当今社会金融环境变幻莫测，普遍存在金融风险问题，在财务管理制度完善中也要考虑风险防控问题，调整原有财务管理制度，使之更适应新经济形势。在制度制定与完善中，首先要确定管理的目标，对部分没有根据的投资项目尽量不要参与，重视基础性工作，从人员能力、管理技术等层面使财务管理工作整体水平得到提升。

二、创新财务管理方式，寻找更合理的操作方法

企业在财务管理方式方面，不同时期管理方式也不同，在新经济形势下，财务管理方式更加多元化，创新意识及成本理念的转变都加速了财务管理方式的转变。在新环境下，企业财务管理面临的挑战增多，企业必须通过自身财务管理水平的提升来提升自身竞争能力。具体操作中，对当前不断变化的经济形势加强了解，结合实际工作分析和总结，在多种财务管理方式中根据企业实际需求选择合理的管理方式。一定程度上财务管理方式的合理选择也是财务管理制度完善的途径，便于企业有效应对多变的经济环境。由于在财务管理方式创新中吸纳了多种管理方式的优势，对不必要的错误可有效避免，结合企业未来发展战略，考虑自身因素，避免出现大的矛盾。而且企业整体创新意识在财务管理方式创新中也得到加强，对新经济环境能更好地适应。在财务管理方式寻找与创新中，当前快速发展的网络技术、信息技术等提供了诸多便利，有利于企业战略性目标更好地实现。

三、提升财务管理人员的综合素质，培养高技术人才

对于企业财务管理工作而言，工作质量、工作水平与管理人员的综合素质直接相关，尤其是新经济环境下，诸多新的管理技术、方法等应用，对财务管理人员提出了更高的要求。就企业自身而言，在企业财务管理人员培养中，必须加大培训力度，为其提供培训、学习的机会，对当前经济形势、市场环境、金融政策、财务知识、财务理念等加强培训，使财务管理人员的综合素质不断提升，树立新的财务管理观念。对于财务管理人员自身而言，也应在具体工作中不断学习、不断总结，定期将企业财务管理情况、自身情况进行反馈，对自身存在的问题能够及时发现与改正。在具体工作中，注重与企业内其他部门人员之间的沟通与协作，对各部门财务部门做好引导工作，实现企业的最终目标。

总之，现阶段，我国社会经济在全球经济一体化趋势下呈现出快速发展的趋势，企业

之间面临的竞争压力不断增大。在新经济形势下，企业面临的挑战增多，财务管理工作作为企业管理的重要内容，受到的冲击也比较大。在新形势下，企业财务管理工作在面对诸多新的挑战时，必须通过创新管理制度与管理方法，完善财务管理理念，更新财务管理意识，提升财务管理人员的综合素质，对新经济形势下的市场环境更好地适应，促使企业可持续、稳定、长远地发展。

参考文献

[1] 毕玉林. 新经济背景下企业财务管理创新路径 [J]. 金融文坛, 2022 (03): 22-25.

[2] 陈超. 企业财务分析存在的问题及对策研究 [J]. 行政事业资产与财务, 2022 (16): 103-105.

[3] 陈辉. 新经济时代财务报告的发展趋势 [J]. 企业研究, 2012 (14): 102.

[4] 陈琰. 新经济形势下企业营运资金管理研究 [J]. 现代经济信息, 2018 (16): 207.

[5] 崔玉杰, 王桂香. 新经济转型背景下财务管理新模式与新发展 [J]. 营销界, 2022 (14): 158-160.

[6] 胡桂红. 新经济下企业投资方式的研究 [J]. 科技信息（科学教研）, 2008 (17): 480+456.

[7] 黄娟. 财务管理 [M]. 重庆：重庆大学出版社, 2018.

[8] 黎精明, 兰飞, 石友善. 财务战略管理 [M]. 2版. 北京：经济管理出版社, 2017.

[9] 李海链. 企业营运资金管理优化探析 [J]. 现代营销（上旬刊）, 2022 (06): 103-105.

[10] 李怀宝, 赵晶, 白云. 财务管理 [M]. 长沙：湖南师范大学出版社, 2018.04

[11] 李怡. 企业投资项目风险分析及防范 [J]. 老字号品牌营销, 2022 (15): 52-54.

[12] 李莹莹, 王晶淼. 试论新经济形势下企业财务管理面临的挑战及对策 [J]. 商业故事, 2016 (26): 4+6.

[13] 李长艳. 新经济背景下的企业财务管理体制创新研究 [J]. 现代国企研究, 2018 (14): 65.

[14] 李志洲. 新经济背景下企业财务分析体系的构建策略 [J]. 现代国企研究, 2016 (02): 123+125.

[15] 刘冬波. 新经济时代企业财务报告的发展趋势 [J]. 中外企业家, 2014 (31): 265+267.

[16] 罗进. 新经济环境下企业财务管理实务研究 [M]. 北京：中国商业出版社, 2019.

[17] 孟迪. 新经济形势下对财务管理的影响及应对 [J]. 财富生活, 2021 (18): 126-127.

[18] 穆志兴. 新经济时代对财务会计的影响 [J]. 内蒙古统计, 2005 (02): 45-46.

[19] 水丹. 企业财务分析问题及对策研究 [J]. 财富生活, 2022 (16): 127-129.

[20] 谭晓婧. 新经济对财务管理和管理会计的影响分析 [J]. 商讯, 2021 (19): 47-49.

[21] 汪洋. 财务管理 [M]. 合肥: 中国科学技术大学出版社, 2016.

[22] 王清泉. 新经济时代财务报告的发展趋势 [J]. 全国流通经济, 2017 (36): 87-88.

[23] 王守垠. 企业投资管理策略创新研究 [J]. 投资与创业, 2022, 33 (14): 109-111.

[24] 王欣荣, 唐琳, 刘艺. 财务管理 [M]. 上海: 上海交通大学出版社, 2018.

[25] 肖利霞. 新经济背景下财务管理创新问题的探讨 [J]. 中国集体经济, 2021 (25): 143-144.

[26] 熊一潭. 企业财务分析优化研究 [J]. 商场现代化, 2022 (18): 165-167.

[27] 徐丽. 新经济背景下企业财会管理创新路径探析 [J]. 全国流通经济, 2022 (10): 58-61.

[28] 徐丽萍, 陈洁. 新经济形势下企业营运资金管理思考 [J]. 财会通讯, 2010 (17): 75-76.

[29] 徐顺莉. 企业营运资金管理研究 [J]. 产业创新研究, 2022 (11): 144-146.

[30] 杨忠智. 财务管理 [M]. 厦门: 厦门大学出版社, 2015.

[31] 岳小洁. 新经济背景下现代企业财会管理创新的探索 [J]. 老字号品牌营销, 2022 (19): 160-162.

[32] 张春艳, 陈月莉. 新经济对财务会计的挑战 [J]. 西部大开发, 2006 (07): 75-76.

[33] 张艳红. 论新经济形势下企业财务战略管理及对策 [J]. 特区经济, 2011 (06): 237-238.

[34] 张兆庭. 新经济形势下规避企业投资风险相关策略探讨 [J]. 财会学习, 2017 (22): 228.

[35] 赵翊丞. 新经济视角下企业财务管理的改革创新研究 [J]. 中国中小企业, 2021 (07): 154-155.

[36] 朱琴. 新经济条件下企业财务管理发展趋势分析 [J]. 当代会计, 2021 (04): 100-101.